企業価値とオプション評価のロジックと実務

Logic & Practice

基礎的手法・数理・法務のすべて

神田 秀樹
太田 洋子
阿久澤 利直［著］

一般社団法人 金融財政事情研究会

はじめに

本書は、2015年の冬学期に東京大学法学部で開講された神田の商法演習「会社法と数理」における講義の内容をもとに執筆したものです。

この講義では、会社法の解釈や実務において問題となる企業価値の評価とオプションの評価を取り上げて、本書の共著者である太田と阿久澤が講義を行いましたが、演習に参加した当時の学生の皆さんは、皆、非常に熱心に受講をしてくれました。

上記の経緯で誕生した本書は、企業価値の評価とオプションの評価に関する理論と実際の両方を取り上げ、評価の基礎的手法と数理、そして実際への適用に至るまで、それなりに高度な内容を含め、詳細かつ丁寧に、そしてわかりやすく説明をした書物となっていると思います。また、会社法においてこれらが問題となる場面についても簡単な説明を加えています。

本書は、大学の法学部の学生の皆さんだけでなく、この分野に関心を有する法学以外を専攻する学生の皆さんや社会人の皆さんにとっても、有益な書物になっていると思います。幅広い読者の皆さんに手に取っていただけましたら光栄です。

2019年 9 月

執筆者一同

CONTENTS

第１章 企業価値評価

❶ 企業価値評価の基礎 …… 2
(1) 企業価値評価の体系 …… 2
(2) マーケット・アプローチによる企業価値評価〜マルチプル法 …… 5
(3) インカム・アプローチによる企業価値評価 …… 13
(4) 資本コストの推計 …… 17
(5) 非財務情報と企業価値評価 …… 35

❷ 企業価値評価の実務的応用 …… 38
(1) 将来キャッシュフローの推計 …… 38
(2) 資本コスト推計の実務 …… 46
(3) 企業価値評価の実際 …… 62

第２章 オプション評価の概念レイヤーとロジック

❶ 選択権の価値を評価するということ …… 78
(1) 日常におけるオプショナリティ …… 78
(2) 市場におけるオプション …… 81
(3) 選択肢の実効性について …… 83
(4) オプションとデリバティブ …… 86
(5) オプションを売買する場が存在することの意義 …… 87
(6) 進化的な安定性という観点からの注記 …… 91

❷ オプション評価の概念レイヤー：「現実の問題」はどのように「数学問題」に変換され、どのように解かれるのか？ …… 93
(1) ブラックボックスとしてのBlack-Scholesオプション評価フレームワーク …… 94
(2) ブラックボックスのなかの概念レイヤー見取り図 …… 95
(3)「現実の問題」の例 …… 98
(4) 数学問題としての定式化（工程１） …… 99

(5) 数学問題の求解（工程２）……102
(6)「モンテカルロで解いた」と表明することの意味……109
(7) 数値計算を正しく実行すること……109

❸ BSフレームワークを受け入れるべき（よく知られているのとそうでもないかもしれない）２通りの根拠……113
(1) ジャスティフィケーション①：BS理論価格はデルタヘッジによる裁定取引の余地を与えない……113
(2) ジャスティフィケーション②：BS理論価格はリスクに見合ったリターンを実現する……118
(3) なぜ、最終結果は期待成長率にはよらないのか？どうしてボラティリティには依存するのか？……122

❹ CBや転換型種類株式の評価フレームワーク……138
(1) オプションとして評価する立場からみたCBと転換型種類株式の特徴……138
(2) クレジットを考慮できるBlack-Scholes with jump to defaultフレームワーク……142
(3) BSフレームワークとBSDフレームワークの関係……145

❺ よくある質問……150
(1) ヘッジできない場合でも、本稿の議論は成り立つのか？……150
(2) 企業価値評価とオプション評価の関係は？……150
(3) オプション評価では（企業価値評価では必要な）リスクプレミアムをインプットとして与える必要はないのか？……150
(4) オプション評価では株価成長率を与えてやる必要はないのか？……151
(5) 株価成長率が高い場合、オプション価値も高いはず？……151
(6) リスクプレミアムを明示的に取り扱わなければならないケース……155

補論❶ 株カレントイールドについて……157
(1) 将来もらえる株の現在価値はどのようであるべきか？……157
(2) １年後に確実に１円もらえる権利の現在価値をBSフレームワークで評価……159
(3) １年後に１株もらえる権利の現在価値をBSフレームワークで評価……161

補論❷ ツリーモデルによるオプション評価の詳細……163
(1) ヨーロピアン・コール・オプションの３項ツリーによる評価……163

(2) アメリカン・オプションの場合……168
補論3 数値解法選択と数値誤差……171
(1) ボラティリティについて……171
(2) ストック・オプションのヨーロピアン・オプション近似による評価……174
(3) CB評価と数値誤差……178
補論4 BSフレームワークの数学的導出……182
(1) ロジック①に基づくBSフレームワークの導出……182
(2) ロジック②に基づくBSフレームワークの導出……186
補論5 CB・転換型種類株式のさまざまな条項と評価……189
(1) コール条項……191
(2) プット条項……193
(3) 転換価額修正（リセット）条項……194

第3章 会社法における企業価値の算定・新株予約権の価値の算定

❶ 会社法における企業価値の算定と株式の価値の算定……200
(1) 企業価値の算定と株式の評価……200
(2) 募集株式の発行等に関する会社法の規律……201
(3) 新株の有利発行に関する規制……202
(4) 株式買取請求権が行使された場合における公正な価格の算定……204
(5) キャッシュアウトにおける価格の算定……206
(6) 小括にかえて……212
❷ 会社法における新株予約権と新株予約権付社債の価値の評価……215
(1) 新株予約権とは……215
(2) 新株予約権の価値の評価……216
(3) 小括にかえて……224

第1章

企業価値評価

太田 洋子

1 企業価値評価の基礎

(1) 企業価値評価の体系

本章では、企業価値の評価手法について体系的に解説する。なお、企業価値評価の企業経営における意味づけや、経営管理への適用方法などについて知りたい方は、ちまたに数多く存在するコーポレートファイナンスの教科書を読んでぜひ理解を深めていただきたい。

企業価値評価とは、企業価値を数値で評価することである。企業が長期的に安定してキャッシュを生み出す力を評価する。図表1－1に示したとおり、複数の評価手法が存在するが、以下では、大きく3つのアプローチについて簡単に言及する。

図表1－1　企業価値評価の体系図

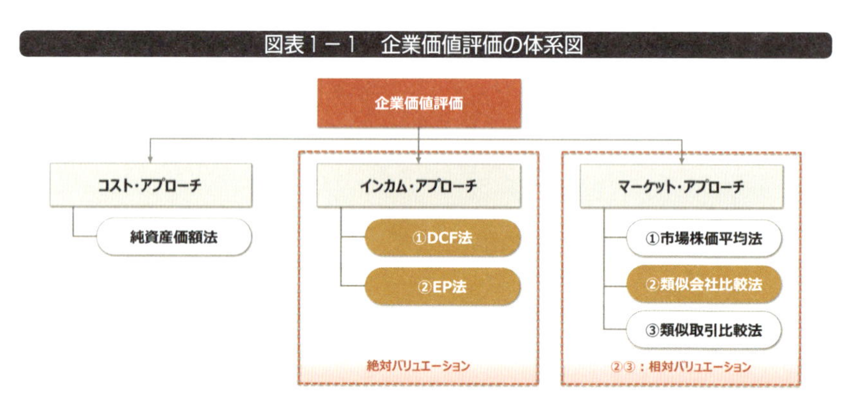

コスト・アプローチ

コスト・アプローチは、対象となる資産を再作成するうえで必要なコストを合計することによって、価値を算定する方法である。CRN（Cost of Reproduction New：再作成原価）あるいはCOR（Cost of Replacement：取替原価）と表現されることもある。コストを積み上げると同時に、物理的減耗、機能的陳腐化、経済的陳腐化等を織り込む必要があり、実際の計算は容易ではない。

合併比率計算等に用いられる時価純資産価額方式は、貸借対照表を現時点で再構築した場合の株主価値を求めるものであり、広義のコスト・アプローチと考えられる。

インカム・アプローチ

インカム・アプローチは、企業価値の源泉は、将来生み出す経済的利益の現在価値であるとする考え方に基づく評価方法である。将来発生する一連のキャッシュフローを適切な割引率によって現在価値に割り引いて企業価値を評価する。DCF法やEconomic Profit法（EP法）が代表的な手法である。絶対バリュエーションとも呼ばれる。

下記の式が一般的であり、C（キャッシュフロー）として何を認識するかによって、評価手法は分類される。認識対象には、配当、フリーキャッシュフロー、EP（Economic Profit：経済的付加価値）等があげられる。

$$PV = \frac{C_1}{1+r} + \frac{C_2}{(1+r)^2} + \frac{C_3}{(1+r)^3} + \cdots\cdots + \frac{C_n}{(1+r)^n}$$

PV　：　現在価値（Present Value）
C_t　：　t期におけるキャッシュフロー
r　：　割引率

たとえば、DCF法は投資家に毎期発生するフロー（フリーキャッシュフロー）に着目する手法である。またEP法は投資家に帰属するストック（投下資本）の変動に着目する手法である。それぞれ認識する対象は異なるが、最終的に投資家に帰属する価値は同一になる。なお、M&Aなどの投資銀行業務ではDCF法を用いることが多く、事業会社内部の経営管理ではEP法を用いることが多い。

マーケット・アプローチ

マーケット・アプローチは、投資家が用いるバリュエーション指標（PER、PBR、EV/EBITDA倍率など）を用いて、同業他社との相対比較により価値評価を行う方法である。相対バリュエーションとも呼ばれる。以下で、代表的なマーケット・アプローチである3つの手法について解説する。

①市場株価平均法

評価対象企業の株式時価総額を株主価値とする考え方である。株価は、不特定多数の投資家による売買によって成立しており、買占めなどによる異常な状態にない限り、公平な価格になっているという考えに基づく手法である。非上場企業には適用できない。株式の流動性に問題がなければ、過去6～12カ月程度の市場株価の平均値から求めた時価総額が用いられることが多い。株価変動が大きい銘柄の場合、一定期間の終値の平均をとるなどの方法で対応する。

②類似会社比較法

類似公開企業の市場株価を参考に評価する考え方である。評価対象企業と類似企業の特徴の違いに留意が必要である。類似会社比較法を用いた企業価値評価の具体的な方法については後述する。

③類似取引比較法

評価対象企業と類似する企業がM&Aで取引された場合の取引価格を参考に評価する考え方である。評価対象企業と類似企業の特徴の違いとともに、類似案件における価格プレミアムにも留意する必要がある。しかし結局、取引価格は参加者が何らかの手法で価値評価を行った結果であり、類似取引比較法自体は本質的な価値算定方法とは言いにくい面もある。そのため最終的には、当該取引事例におけるPERやEV/EBITDA倍率など類似会社比較法に置き換えて考えるケースも多い。

どの手法を使うか

それぞれの評価手法に長所と短所があり，手法の使い分けは評価目的や評価者によって異なる。最近の流れでは，投資家からみた評価にこだわることが重要であると考えられている。実際にM&Aなどを扱う投資銀行業務では，インカム・アプローチとマーケット・アプローチの両方を使用することが多い。また，株価の割安・割高等を評価する企業アナリストが目標株価等を算出する際には，マーケット・アプローチを使用するケースが多い。さらに企業が業績評価指標として内部管理に用いる場合には，インカム・アプローチを用いるのが一般的である。

次に，マーケット・アプローチとインカム・アプローチによる企業価値の評価方法について詳しく解説する。

(2) マーケット・アプローチによる企業価値評価〜マルチプル法

前節でマーケット・アプローチに分類される3つの手法を紹介したが，ここではマーケットに軸足を置く企業アナリストがよく使う手法である「類似会社比較法（マルチプル法）」について詳しく解説する。

マルチプル法は，マーケットにおける時価総額（＝株価×自社株を除く発行済株式数[1]）や時価の投下資本が，利益やキャッシュの何倍であるかを示す指標である。比較的少ない情報で，簡易に企業価値評価を行うことができる点が特長である。

1　近年，企業の株主還元策として自社株を買い消却する動きが拡大していることにかんがみて，より実態に近い投資指標にするため「自社株を除く発行済株式数」で計算する方法が主流になっている。

図表1－2　マルチプル法の体系的整理

	時価・簿価比率	時価・CF比率
企業価値	トービンのQ	EV/EBITDA
株主価値	PBR	PER

トービンのQは、市場価値である株式時価総額を資本の再取得価格（企業が所有する個別資産を時価評価したもの）で割った値として定義されるが、簡易的に「（負債時価+ 株式時価）／（負債簿価 + 株式簿価）」で計算する場合もある。なお、企業アナリストがトービンのQを使うことはまれである。

企業アナリストは株主価値ベースで議論するため、主にPER（Price Earnings Ratio）やPBR（Price Book-value Ratio）を利用している。一方、企業買収時には企業全体の収益性やバランスシートに着目するため、EV/EBITDAを利用するのが一般的である。EV/EBITDAはレバレッジの影響を受けないため、企業価値評価に適している。なお、有利子負債の時価と簿価には大きな乖離がないものと考えて、評価には簿価を用いるのが一般的である。

このように、すべての経営指標に時価総額、すなわち企業が生み出す将来の価値に基づいて形成される株価が入っている。つまり、マルチプル法にはマーケットの成長期待が織り込まれているといえる。

以下で、PER、PBR、EV/EBITDAの各マルチプル指標について解説する。

PER（Price Earnings Ratio：株価収益率）

企業の収益力が株主価値（時価総額）の何倍かを表す指標である。時価総額÷純利益、もしくは、株価÷１株当り利益（EPS）で算出される。たとえば、株価が1,000円で１株当り利益が100円ならばPERは10倍になる。

計算が簡単でわかりやすいため、最も広く使用されている尺度である。特に、企業アナリストが多用している。なお、企業アナリストが用いる場合は、市場平均あるいは業種平均との比較や、その会社の過去におけるレンジとの比較で割高・割安を判断する。

一方、法人税率や会計の差異等がある場合には純利益が大きく異なるため、国際間比較等では利用しにくい点で注意が必要である。国際比較をする場合には、マクロ的な金利水準はもとより、各国の税制、企業会計の慣行などを考慮する必要がある。

PBR（Price Book-value Ratio：株価純資産倍率）

評価対象企業の株主価値（時価総額）が会計上の解散価値である純資産（株主資本）の何倍かを表す指標である。株価を１株当り純資産（BPS）で割ることで算出する。たとえば、株価が900円で１株当り純資産が1,000円ならばPBRは0.9倍になる。

一般的には、PBR水準１倍（時価総額と解散価値が一致）が株価の下限であると考えられるため、下値を推定するうえでは効果がある。また、純資産はすべての企業で観測可能なため、多くの企業を分析し割安・割高を議論するのに適している。さらに、PERが異常値になった場合の補完的な尺度としても有効である。また、金融機関や業績が急進している企業等、高い確度でキャッシュフローを予測することがむずかしい場合でも、貸借対照表内にある純資産を用いるため、安定的な価値評価が可能となる。

一方、分母が純資産であるため、企業の短期的な株価変動に対する投資尺度になりにくく、また、将来の利益成長力も反映しにくい点で、単独の投資尺度とするには問題が多いと考えられる。たとえば、日本の地銀株のように長期にわたってPBR水準1倍割れが続く万年割安株の評価には注意が必要である。

EV/EBITDA

EV（Enterprise Value：企業価値）がEBITDA（Earnings before Interest, Taxes, Depreciation and Amortization、利払い前・税引前・減価償却前利益）の何倍かを表す指標である。詳しい計算式はこの後の事例で紹介する。

PERなど株主価値を算定するアプローチとは異なり、企業価値を求める手法である。M&Aの際の評価によく用いられ、その場合は、企業の買収に必要な時価総額と、買収後の純負債の返済に必要な金額を、EBITDAの何年分でまかなえるかを表す。負債を含む企業の完全買収コストの回収にかかる年数を示しており、値が小さいほど割安であると評価する。簡易買収倍率とも呼ばれている。

またEBITDAは借入金利、償却方法、税率などの制度的な影響を最小限にした利益であり、世界規模で企業活動を行うグローバルカンパニーや国際間での企業比較に適している。

企業価値の定義

ここでEV、すなわち企業価値について定義しておこう。本書では、「企業価値＝有利子負債＋株主価値＋非支配株主持分」と定義する（図表1－3）。企業価値評価を考える場合に、図表1－3における「企業価値」と「株主価値」が混同されていることがあるので注意が必要である。

非支配株主持分[2]（少数株主持分）

親会社が子会社に対して100％の株式を出資している場合には、その子会社の資本の勘定はすべて親会社に帰属するものとみることができる。しか

2　2015年4月1日以後開始する連結会計年度から、「少数株主持分」は「非支配株主持分」という名称に変わった。

図表１－３　企業価値の定義

し、親会社が子会社に対して部分的にしか出資していない場合には、その子会社の資本の勘定は、「親会社に帰属する部分」と「親会社以外の株主、少数株主に帰属する部分（非支配株主持分）」に分かれることになる。したがって投資と資本を相殺する場合においては、親会社に帰属する部分は親会社の投資勘定と相殺消去し、少数株主に帰属する部分は非支配株主持分勘定に振り替える。

非支配株主持分とは、連結子会社の純資産のうち、連結財務諸表作成会社（親会社）の持分に属さない部分をいい、支配獲得時には、連結子会社の純資産のうち少数株主に帰属する部分を持分比率に基づき計上する。

支配獲得後は、取得後増加剰余金および評価換算差額等のうち支配獲得後の変動部分の少数株主に帰属する部分が非支配株主持分として計上される。

マルチプル法による企業価値評価の例

マルチプル法では、以下の手順で企業価値を評価する。

①類似企業の選定

②選定した類似企業の時価総額、実績財務データ、予想利益を取得してマルチプル指標を計算

③各マルチプル指標の中央値を計算

④③×評価対象企業の予想利益＝評価対象企業の株主価値

⑤④÷評価対象企業の自社株を除く発行済株式数＝評価対象企業の１株当り株主価値（理論株価）

上記の手順に従って、今回は例として西日本鉄道の企業価値評価を行う。

①類似企業の選定

まず、評価対象企業と類似の事業を営む上場企業を選定する。そもそもマルチプル法は、「同じリスク・リターンの関係をもつ企業は同じ評価になる」という前提によるものである。したがって類似企業の選定は非常に重要なプロセスである。

類似企業は10社以上用意することが好ましい。例の西日本鉄道は陸運セクターに所属する鉄道会社で、国内での事業展開を主とすることから、今回は類似企業として日本の鉄道会社15社を選定した。海外売上比率が高く、グローバル規模での競争にさらされている企業の場合は、海外の上場企業も含める。時価総額を用いるので類似企業は上場企業限定になるが、評価対象企業は必ずしも上場企業でなくてもよい。

②選定した類似企業の時価総額、実績財務データ、予想利益を取得してマルチプル指標を計算

評価対象企業および①で選定した類似企業の直近の時価総額、実績財務データ、予想利益を取得する。予想利益はコンセンサス予想[3]を利用する場合が一般的である。例では今期予想のみを取得しているが、来期予想も取得して今期予想との間で時間加重平均する場合もある。その場合は、決算期に注意する必要がある。

取得したデータを使い、前述の式に従ってマルチプル指標を計算する。

③各マルチプル指標の統計値を計算

3　コンセンサス予想とは、複数の証券アナリストが出した業績予想や株価レーティングを集め、それを平均した値のことである。さまざまな視点からみた専門家の意見を集約することで情報に厚みをもたせることができる点で有用である。

図表1－4　マルチプル法～類似会社の選定

No.	コード	会社名	決算期	株価（円）	時価総額（百万円）	企業価値EV（百万円）	対企業価値（EV） EV/EBITDA 直近実績（倍）	今期予想（倍）	EV/営業利益 直近実績（倍）	今期予想（倍）	対時価総額 純利益（PER） 直近実績（倍）	今期予想（倍）	株主資本（PBR） 直近実績（倍）
1	9142	九州旅客鉄道	17/3期	3,570	571,200	582,928	7.7x	8.0x	9.9x	10.4x	12.8x	12.7x	1.7x
2	9020	東日本旅客鉄道	17/3期	10,390	3,968,798	6,604,844	7.7x	7.6x	14.2x	14.0x	14.3x	13.9x	1.5x
3	9022	東海旅客鉄道	17/3期	17,945	3,531,560	5,882,643	6.9x	7.4x	9.5x	9.8x	9.0x	9.8x	1.3x
4	9021	西日本旅客鉄道	17/3期	8,119	1,571,880	2,554,117	7.4x	7.2x	14.5x	13.9x	17.2x	14.4x	1.7x
5	9005	東京急行電鉄	17/3期	1,651.0	1,017,176	2,006,630	12.3x	11.8x	25.7x	24.2x	15.1x	14.5x	1.6x
6	9042	阪急阪神HD	17/3期	4,135	1,025,585	1,918,064	11.5x	12.0x	18.4x	19.6x	14.4x	16.8x	1.3x
7	9007	小田急電鉄	17/3期	2,208.0	795,909	1,385,699	13.8x	13.9x	27.7x	27.6x	30.5x	27.4x	2.4x
8	9041	近鉄グループHD	17/3期	432.0	821,526	1,914,779	16.0x	16.5x	29.5x	31.9x	31.3x	29.3x	2.4x
9	9008	京王電鉄	17/3期	927.0	565,982	839,922	11.3x	11.1x	22.1x	21.6x	26.7x	24.6x	1.7x
10	9001	東武鉄道	17/3期	605.0	647,575	1,404,172	11.4x	12.1x	20.5x	22.9x	17.9x	17.5x	1.5x
11	9006	京浜急行鉄道	17/3期	1,258.0	692,897	1,062,683	15.2x	16.5x	28.1x	31.7x	30.8x	34.6x	2.9x
12	9009	京成電鉄	17/3期	3,035	513,732	758,001	10.2x	10.6x	25.2x	25.7x	14.4x	16.1x	1.6x
13	9048	名古屋鉄道	17/3期	508.0	466,920	915,310	10.3x	10.7x	20.7x	21.7x	19.9x	17.9x	1.5x
14	9044	南海電気鉄道	17/3期	558.0	316,274	787,260	13.3x	13.1x	24.7x	23.9x	19.2x	17.0x	1.5x
15	9003	相鉄HD	17/3期	546.0	267,516	558,500	11.9x	12.1x	18.3x	19.3x	15.7x	16.1x	2.1x
0	9031	西日本鉄道	17/3期	504.0	198,696	366,282	9.1x	9.5x	18.9x	20.3x	16.3x	18.2x	1.2x
						平均値	11.1x	11.4x	20.6x	21.2x	19.3x	18.8x	1.8x
						中央値	11.4x	11.8x	20.7x	21.7x	17.2x	16.8x	1.6x
						最大値	16.0x	16.5x	29.5x	31.9x	31.3x	34.6x	2.9x
						最小値	6.9x	7.2x	9.5x	9.8x	9.0x	9.8x	1.3x

（注1）　時価総額＝株価×自社株を除く発行済株式数
（注2）　企業価値EV＝時価総額＋非支配株主持分＋有利子負債残高－手元流動性
（注3）　EBITDA＝経常利益＋支払利息・割引料＋減価償却費＋のれん償却額－負ののれん償却額

図表1－5　マルチプル法～理論株価の推計

	EV/EBITDA		EV/営業利益		純利益（PER）		株主資本（PBR）
	直近実績（倍）	今期予想（倍）	直近実績（倍）	今期予想（倍）	直近実績（倍）	今期予想（倍）	直近実績（倍）
平均	11.1x	11.4x	20.6x	21.2x	19.3x	18.8x	1.8x
中央値	11.4x	11.8x	20.7x	21.7x	17.2x	16.8x	1.6x
最大値	16.0x	16.5x	29.5x	31.9x	31.3x	34.6x	2.9x
最小値	6.9x	7.2x	9.5x	9.8x	9.0x	9.8x	1.3x
計算に用いる類似会社倍率（中央値）	**11.4x**	**11.8x**	**20.7x**	**21.7x**	**17.2x**	**16.8x**	**1.6x**

		EBITDA		営業利益		純利益		株主資本
西日本鉄道		直近実績17/3期	今期予想18/3期	直近実績17/3期	今期予想18/3期	直近実績17/3期	今期予想18/3期	直近実績17/3期
財務数値（百万円）	×	40,262	38,607	19,354	18,000	12,179	10,900	164,032
企業価値（EV）（百万円）		460,115	455,649	400,971	390,416			
手元流動性（百万円）	＋	32,852	32,852	32,852	32,852			
有利子負債（百万円）	－	197,420	197,420	197,420	197,420			
非支配株主持分（百万円）	－	3,018	3,018	3,018	3,018			
株主価値（百万円）		292,529	288,063	233,385	222,830	209,709	183,260	265,554
発行済株式数（自己株控除後）（千株）	÷	394,238	394,238	394,238	394,238	394,238	394,238	394,238
1株当り株主価値（円）		742	731	592	565	532	465	674
単純平均（円）		614						

類似企業の平均値、中央値、最大値、最小値を計算する。この際評価対象企業は含めない。企業価値評価には平均値または中央値を用いる。平均値と最大値、最小値を比べて乖離幅が大きい場合は、中央値を用いる。

④評価対象企業の株主価値（＝③×評価対象企業の予想利益）を計算

評価に用いるマルチプル指標の値が決まった後は、評価対象企業の財務データと予想利益を使って株主価値を計算する。

⑤評価対象企業の1株当り株主価値（理論株価＝④÷評価対象企業の自社株を除く発行済株式数）を計算

最後に、④で求めた株主価値を評価対象企業の自社株を除く発行済株式数で割って理論株価を求める。

例では、約465～742円までのレンジで7種類の理論株価が求められ、その平均理論株価は614円となった。ちなみに、評価対象企業の分析時点の株価は504円であり、今回の結果からは割安と判断される。

市場株価は企業の将来性に基づいて形成される。現在の利益水準が低くても期待成長が高い企業の株価は高くなり、マルチプル指標も高くなる。また一般に、リスクが大きいとマルチプル指標は低くなり、成長期待が大きいとマルチプル指標は高くなる。

(3) インカム・アプローチによる企業価値評価

インカム・アプローチは、将来発生する経済的利益（キャッシュフロー）を予想し、その現在価値の合計を求めることで価値評価を行う手法である。主な手法には、エンタプライズDCF法、EP法、エクイティDCF法などがあげられる。これらの手法の違いは、キャッシュフローの定義と、その価値の帰属者にある。なお、一見すると様式はそれぞれ異なるが、適当な条件下で適用すれば同一の株主価値推計結果が得られる。

図表１－６にEP法とエンタプライズDCF法の企業価値評価式を載せた。事業利益から投下資本までは財務諸表の勘定項目を使って計算するが、企業価値評価では過去の実績値ではなく、将来の予想値を用いる点に注意が必要である。利益予想の立て方については次章で具体例を示す。また、図表内の３つの手法の相違点については後述する。

割引現在価値の考え方

将来の経済的付加価値（EP）や継続価値を現在価値に割り引くときに使う指標が、加重平均資本コスト（WACC）である。資本コストはインカム・アプローチ独特の大変重要な指標なので、その計算方法については後ほど詳

図表１－６　EP法とエンタプライズDCF法の企業価値評価式

<table>
<tr><th></th><th>EP_FIN</th><th>EP_COUT</th><th>DCF</th><th></th></tr>
<tr><td>事業利益</td><td colspan="3">営業利益＋受取利息配当金＋持分法投資損益</td><td>事業利益</td></tr>
<tr><td>課税所得</td><td colspan="3">営業利益＋受取利息配当金＋のれん償却額</td><td>課税所得</td></tr>
<tr><td>NOPAT</td><td colspan="3">事業利益－課税所得×実効税率</td><td>NOPAT</td></tr>
<tr><td>投下資本</td><td>流動資産＋固定資産－（流動負債－短期借入金）－負ののれん</td><td>流動資産＋固定資産－（流動負債－短期借入金）－負ののれん
－手元流動性</td><td rowspan="2">NOPAT＋減価償却費＋のれん償却額＋負ののれん償却額－運転資本増減－設備投資</td><td rowspan="2">FCF</td></tr>
<tr><td>EP</td><td colspan="2">NOPAT－前期投下資本×前期資本コスト</td></tr>
<tr><td>継続価値</td><td colspan="2">シナリオ最終年次年度EP／（資本コスト－成長率g）</td><td>シナリオ最終年次年度DCF／（資本コスト－成長率g）</td><td>継続価値</td></tr>
<tr><td>企業価値</td><td colspan="2">期初流動資産＋期初固定資産－（期初流動負債－期初短期借入金）－期初負ののれん＋EP現在価値合計＋継続価値現在価値</td><td>FCF現在価値合計＋継続価値現在価値＋手元流動性</td><td>企業価値</td></tr>
<tr><td>株主価値</td><td colspan="3">企業価値－有利子負債－非支配株主持分</td><td>株主価値</td></tr>
<tr><td>１株当り株主価値</td><td colspan="3">株主価値／（発行済株式数－自己株式数）</td><td>１株当り株主価値</td></tr>
</table>

（注１）　手元流動性＝現預金＋短期有価証券
（注２）　設備投資＝有形固定資産増減＋減価償却費

しく解説する。ここでは、企業価値を評価する際に将来のお金をいまのお金の価値に直す、すなわち現在価値に割り引くという考え方について説明する。

１年間の預金金利が5%であると仮定した場合、現在の100万円は１年後には105万円になる。つまり、１年後の105万円と現在の100万円は同じ価値ということになる。この100万円を将来の105万円の割引現在価値と呼ぶ。すなわち将来の金額を現在の金額に変換したものを割引現在価値と呼ぶのである。そして、このケースの５％を割引率と呼ぶ。

これは将来のキャッシュフローが確定している場合だが、今度は将来のキャッシュフローが変動する場合について考えてみよう。先ほどの預金の場合は、１年後に金利分５％を払うという約束がある。一方、株式の場合には、このような約束はなく、株価の変動などにより１年度の価格は５％よりも大きく上がることも、また大きく下がることもありうる。つまり、株式のほうが預金よりもリスクが大きい投資対象ということになる。投資家はリスクが大きい分だけ、より高いリターンを求める。このリスクに対して上乗せして求めるリターンをリスクプレミアムと呼ぶ。そして、このケースの割引率は５％＋リスクプレミアムとなる。このように、現在価値に割り引くときの割引率は、より大きく変動する場合のほうが大きくなる。

リスクプレミアムはさまざまな場面で利用される。たとえば、社債の場合、信用格付けに応じて社債のクーポンレート（利回り）が異なるが、これは各社の信用リスクの大きさによってリスクプレミアムが上乗せされているのである。また、住宅ローンの場合、通常、変動金利よりも固定金利のほうが高く設定されているのは、銀行が将来にわたって金利変動リスクを負うためであるが、この固定金利と変動金利の金利差がリスクプレミアムである。

将来キャッシュフローの予想期間

将来キャッシュフローの予想は、理想的には企業が存続する限りの全期間において必要だが、理論的には、業界の競争が均衡し、フリーキャッシュフロー（FCF）が安定するまでと考える。実務では、３～10年程度で設定することが多い。企業内部でインカム・アプローチを用いる場合は、各企業が策定する中期経営計画などの事業計画が終了するまでが予想期間になる。大規模なプラント事業の場合、30～50年程度になることもある。また、投資家の立場では、投下資本の過半を回収するまでという考え方もある。

予想期間以降に生み出される価値は、継続価値として一定の仮定に基づき評価する。予測期間のFCFの現在価値と継続価値の現在価値を合計した値が企業価値となる。

継続価値評価（ターミナルバリュー）

予想期間後のキャッシュフロー評価では、定額モデルや定率成長モデルを用いて継続価値（ターミナルバリュー）を計算する。予想期間の最終年度に、その翌年以降の永続的なキャッシュフローを計測する。最終年度なので

図表１－７　将来キャッシュフローの現在価値と企業価値

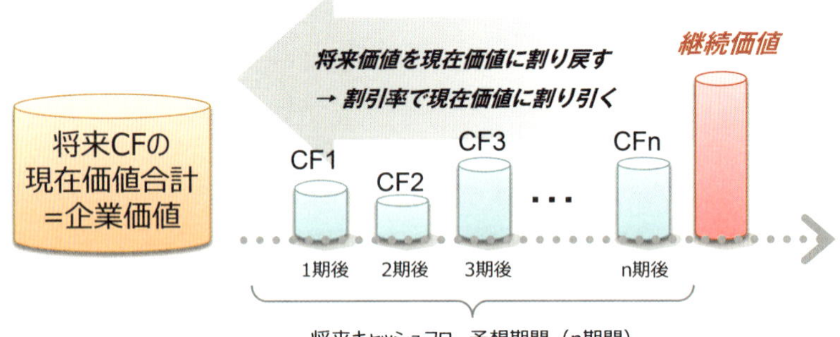

ターミナルという。

コーポレートファイナンスでは、配当やフリーキャッシュフローが一定の率で成長するモデルを「定率成長モデル」という。企業は継続して利益やキャッシュを生み出す経済主体であると考えると、配当やフリーキャッシュフローは永続的にもたらされる。そこで無限個のフリーキャッシュフローを足し合わせる作業が必要になるが、ここで「無限等比数列の和の公式」という数学の知識を使うと簡単に処理することができる。図表１－８で示したよ

図表１－８　継続価値の現在価値の算出式

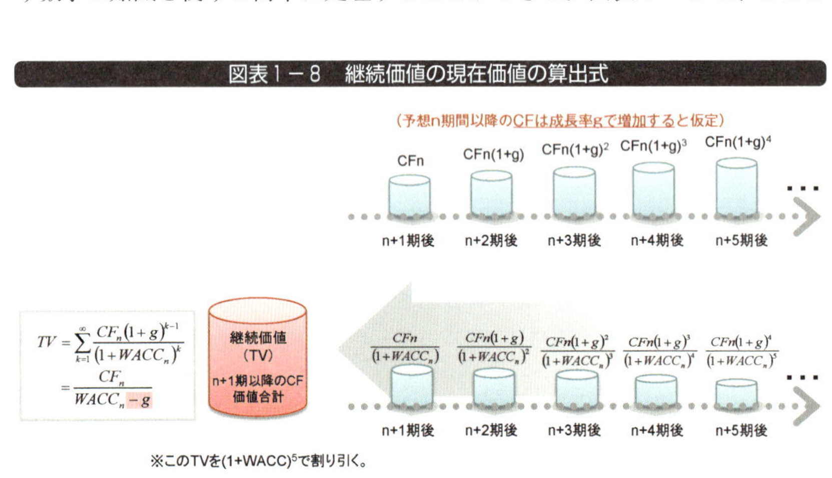

うに、最終年度から１年先のキャッシュフローを「資本コストWACC－成長率g」で割ることで、継続価値の現在の価格が算出できる。

この式は、予想最終期のキャッシュフローが成長率gで継続成長することを前提としているが、この成長率に対する妥当性の評価はむずかしい問題である。実務では、日本企業の場合、成長率g=0%として企業価値評価を行うことが一般的である。ちなみに、成長率g=0%の場合、将来のキャッシュフローが一定の定額モデルになる。成長率を０%とする背景には、もしも予想期間以降のキャッシュフロー成長が想定できるならば、むしろ将来予想期間を延長し、その成長を将来予想に含めるべきという考えがある。事業に対して想定される成長を十分に反映した将来シナリオであれば、その後の成長率gを０%とすることが妥当だろう。

⑷ 資本コストの推計

加重平均資本コスト（Weighted Average Cost of Capital）

企業価値を高めるためには、投資に対してある一定の率を超える収益率を上げなければならない。投資からどれだけの収益率を上げれば、企業の価値を高めることができるのかを表すハードルレートが資本コストである。資本コストとは、資本の機会費用を意味しており、企業の有するリスクに対して投資家（株主、債権者）が要求する収益率に相当する。すなわち、資本市場において、同等のリスクを有する有価証券に投資した場合における投資家の要求する期待収益率を意味することになる。

資本コストは、連結ベースで１つの値を推計し、それを全社共通のハードルレートとして用いることもあれば、連結企業内の事業部門ごと、活動地域ごとに、それらのリスクに応じた値を推計することもある。資本コストはビジネスリスクに対応しているが、直接ビジネスリスクを求めるのではなく、ビジネスリスクを負担している株主と債権者の視点から算出する。

企業は、事業活動に必要な資本を、有利子負債（Debt）と株主資本

(Equity) により調達している。企業が活動を続ける限り、有利子負債の提供者である債権者は負債コスト (Cost of Debt) を、株主資本の提供者である株主は株主資本コスト (Cost of Equity) を負担し続けなければならない。そのため、資本コストは、有利子負債と株主資本の調達割合に応じて、負債コスト (税効果考慮後) と株主資本コストを加重平均したものととらえるのが一般的である。加重平均資本コスト (WACC : Weighted Average Cost of Capital、通称ワック) と呼ばれ、以下の式で計算する。

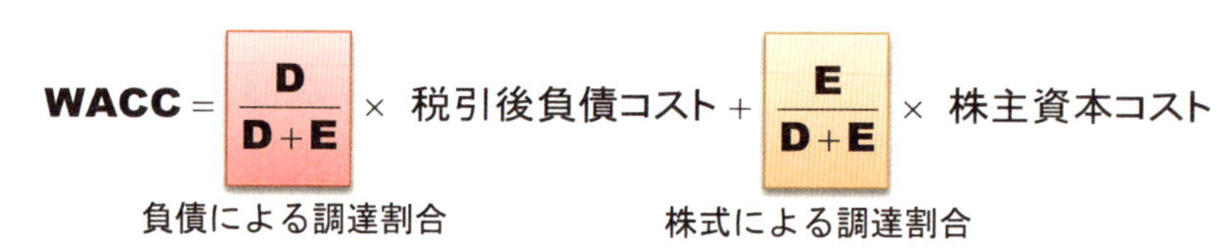

株価や配当が変動する株式は、元本や利息の支払が約束された社債よりもリスクの高い投資対象なので、株主は債権者よりも高いリターンを要求する。したがって、株主資本コストは負債コストよりも高くなる。そして、両者の加重平均で求められるWACCは株主資本コストよりも小さな値になり、負債コストよりも大きな値になる。なお、無借金企業 (有利子負債が0) のWACCは株主資本コストと一致する。

資本コストの推計で重要な構成要因は、①株主資本コスト、②負債コスト (税引後)、③資本構成 (調達割合) の3つである。以下に、各構成要素の理論と具体的な推計方法について解説する。なお、それぞれに複数のアプローチがあり、それぞれ一長一短がある。実務では、基本的な枠組みを理解したうえで、評価対象の企業 (事業) に適した手法を選択することが重要である。

CAPM理論を用いた株主資本コストの推計

株主資本コストは、株式市場のさまざまなデータを用いて推計する。推計方法としては、「資本資産評価モデル（CAPM：Capital Asset Pricing Model）」、または、「配当割引モデル（DDM：Dividend Discount Mode）」を用いるのが一般的である。ノーベル経済学賞を受賞したW. Sharpeが提示した「資本資産評価モデル（CAPM）」のほうが、実務では広く受け入れられている。CAPMは投資戦略におけるモダンポートフォリオ理論の1つである。株式市場が効率的であれば、どの銘柄についても、現在の株価は市場参加者の総意が反映されたものと考えることができ、各銘柄の時価総額比率からなるポートフォリオは、リスク・リターンの観点から最も効率的であるとされる。

CAPMでは、多くの株式からなるマーケットをベンチマークとして、個別株式のリスク・リターン関係を表す。マーケット全体のリスクに対するプレミアムを株式市場リスクプレミアム（以下、マーケット・リスクプレミアムと呼ぶ。ほかに、エクイティ・リスクプレミアムなどの呼び方もある）という。CAPMは、リスクの高い株式ほど期待収益率が高いという関係を表した定量モデルであり、以下の式で表される。

$$E(R_i) = \underbrace{R_f}_{\text{リスクフリーレート}} + \underbrace{\beta_i}_{\text{ベータ}} \times \underbrace{[E(R_m) - R_f]}_{\text{リスクプレミアム}}$$

E(Ri)　：個別証券の期待収益率（株主資本コスト）
Rf　：安全資産利回り（リスクフリーレート）
E(Rm)　：株式市場ポートフォリオの期待収益率（通常TOPIXを使用）
E(Rm)-Rf　：株式市場リスクプレミアム
βi　：個別証券のベータ

基本的な考え方は、国債などの安全資産の利回り（以下、リスクフリーレートと呼ぶ）に、対象企業のリスクに見合うリターンをマーケット・リスクプレミアムとして上乗せするというものである。当然、リスクが高い企業ほど上乗せされるプレミアムは高くなる。

リスクフリーレートは、国債等のリスクのない安全資産に投資をしたとき

図表1－9　CAPM理論に基づいた株主資本コストの概念図

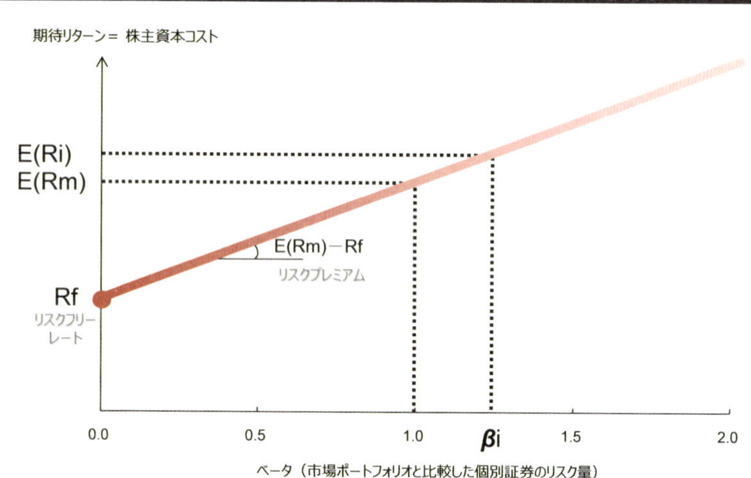

に得られる利回りを示す。マーケット・リスクプレミアムは、リスクのある株式市場に投資をしたときに、リスクフリーレートに対して追加的に得られる利回りを意味し、通常は、株式市場の平均収益率と長期国債利回りとの差を用いる。したがって、「マーケット・リスクプレミアム＝株式市場の平均収益率－リスクフリーレート」となる。

ベータは、株式市場と個別の株式の相対リスクを表した値である。ベータ＝1は個別株式と株式市場のリスクが同じであることを意味し、株主資本コストは、安全資産の利回りに株式市場の平均収益率を足したものと一致する。一方で、ベータ＞1は株式市場よりも個別株式のリスクが大きいことを意味し、株主資本コストは平均収益率よりも大きくなる。

このように、CAPMは、株式の投資家が要求する期待収益率、すなわち、株主資本コストはその当該株式のリスクの大きさに応じて決定されるという関係を端的に表しているといえる。CAPMを用いることで、リスクフリーレート、マーケット・リスクプレミアム、ベータの3つのパラメータがそろえば、株主資本コストを推計することができる。このうちリスクフリーレートとマーケット・リスクプレミアムは、同時点、同国内において等しくなる。したがって、個々の企業における株主資本コストの大小関係は、ベータのみによって決まる。

Fama and Frenchの３ファクターモデルなど、CAPM 以外にもいくつかのモデルが提示されているが、リスクファクターが単一のベータであること、リスク・リターン関係が１次式であること、データの入手が容易であること、ノーベル経済学賞を受賞したモデルであることなどの理由で、CAPM が最も普及している。

以降で、これら３つのパラメータの推計方法について詳しく解説しよう。

リスクフリーレートの推計方法

リスクフリーレートは、リスクのない安全資産の利回りである。実務では、長期の国債利回りを用いることが一般的である。債券市場において取引高が多く、かつ流動性が高い10年国債が、価格形成に歪みが生じにくい等の理由により用いられることが多い。図表１－10に、10年、20年、30年国債応募者利回りの推移を示した。

リスクフリーレートとしては10年国債利回りの利用が最も一般的だが、図表１－10のように20年、30年国債利回りまで年限を広げて採用する根拠としては以下が考えられる。

まず、流動性と発行額の観点から、従来は10年国債利回りをリスクフリーレートとして採用することが一般的であった。しかし近年では、20年、30年国債に関しても流動性・発行額が増大しており、リスクフリーレートとして採用することが妥当であると考えられている。また、DCF、EP法などのインカム・アプローチを用いて企業価値評価を行う場合、継続価値が結果に大きな影響を与える。継続価値は、企業活動が永続する前提のもと、投資家が長期的に要求する資本コストによって将来のキャッシュフローを割り引くことで計算されるため、リスクフリーレートにはより長期の利回りを用いることが妥当であると考えられる。

図表１－10　国債利回りの時系列推移

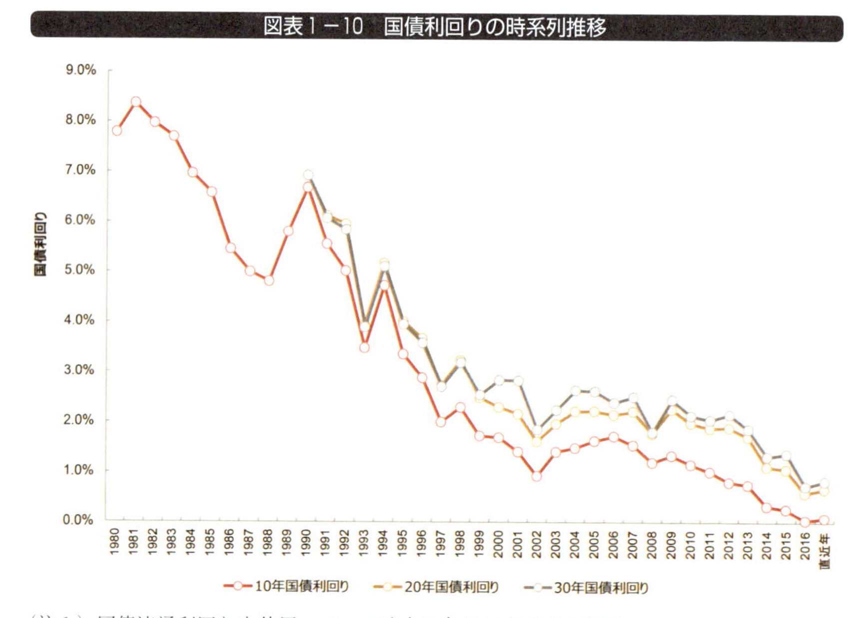

（注１）国債流通利回りを使用。データ時点は各月月末時点を参照。
（注２）直近値は2017年６月末時点。

実務で用いるリスクフリーレート

実務では、以下の３パターンのいずれかを用いる。

①直近のスポットレート

②一定期間における平均値

③フォワードレート

基本的には①の直近のスポットレートを用いる。しかし現在の歴史的な超低金利下における実務上の措置として、国債利回りが負の値の場合は切り上げて０％としている。

将来の金利見通しは現在の水準に織り込まれていると仮定すれば、理論的には①の直近値を用いればよいことになるが、実際には金利変動が激しいため、実務適用のためには②の一定期間における平均値をとることが望ましいこともある。また、現在の歴史的超低金利は、いずれ過去の平均的な値へと収斂するだろうという考え方もこの方法を支持している。

一方で、②の方法では市場の期待を織り込むことができず、また、どの期間の平均値をとるかという点で恣意的な判断がなされるという問題がある。そこで、③のフォワードレートを併用することもある。フォワードレートは、将来の各年における国債利回りに対する市場参加者の期待値とみることができ、投資家が想定する金利上昇を反映した値といえる。つまり、フォワードレートを用いることで、市場の期待を反映させることが可能となる。図表１－11に、各年限の円－円スワップレートより算出した、直近より１～10年の各々について10年フォワードレートを示した。足元の金利水準から、フォワードレートは平均的に約0.7%程度で推移すると市場においては期待されている。

図表１－11　基準年ごとの10年フォワードレート（SWAPレートベース）

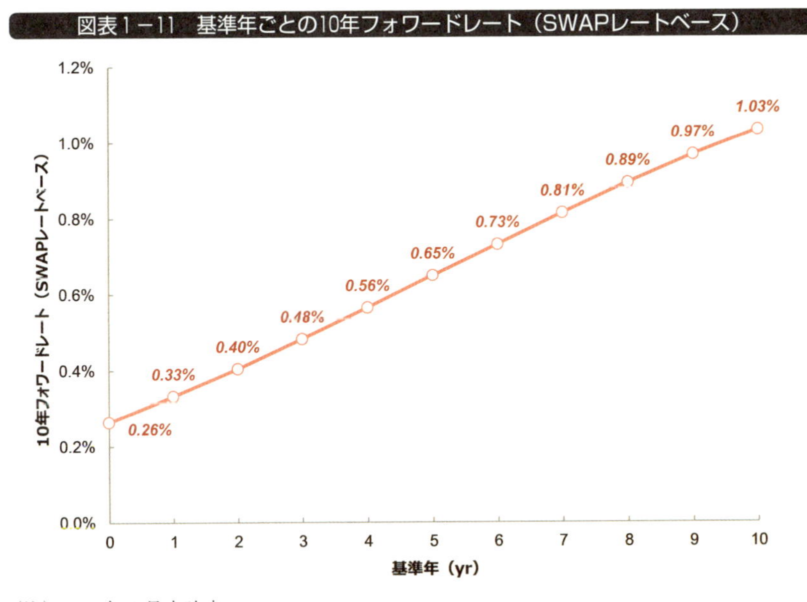

（注）2017年６月末時点。

マーケット・リスクプレミアムの推計方法

マーケット・リスクプレミアムは、市場ポートフォリオの期待収益率とリスクフリーレートの差で表される。株式市場に投資した場合に、そのリスクに対して要求される期待収益率となる。マーケット・リスクプレミアムの推計については、使用するデータ、分析期間、方法などによって推計結果が大きく異なる。ここでは、ヒストリカル法とインプライド法という2つの推計手法を紹介する。

図表1－12　マーケット・リスクプレミアムの推移

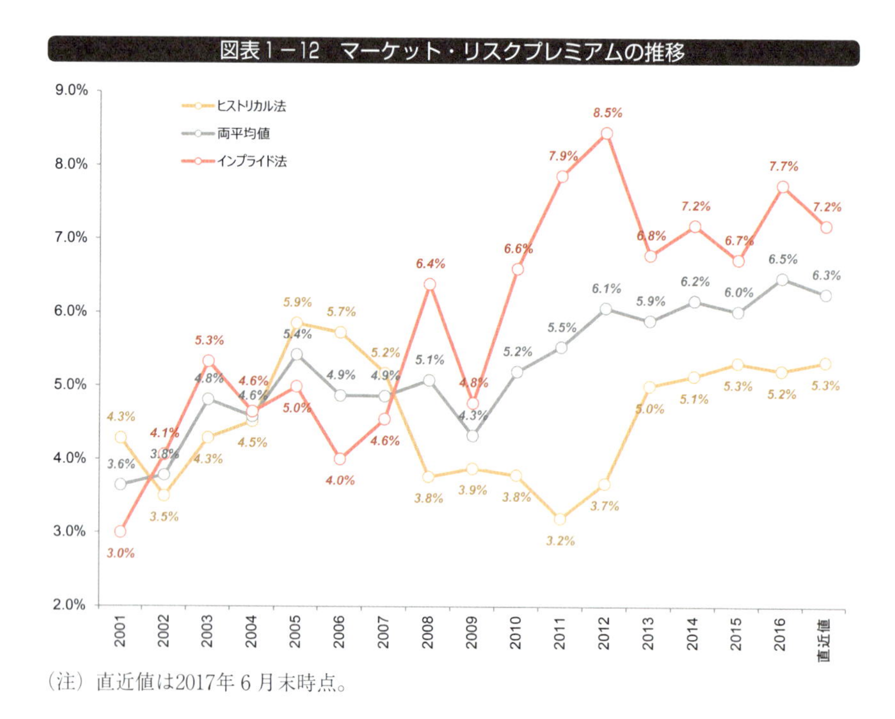

（注）直近値は2017年6月末時点。

図表1－12で確認できるように、ヒストリカル法とインプライド法による推計値は、現状の市場株価に関連しておおむね逆方向に変動する性質をもつ。ヒストリカル法は過去の株価リターンを将来にも期待するため、低リターンで株価が低いときには推計値が小さくなるが、一方のインプライド法

では株価が低い状態ではマーケット・リスクプレミアムは大きく推計される。継続して株価が高い場合や低い場合には、両手法の差が拡大する傾向がある。

実務において、マーケットに大きく依存しないマーケット・リスクプレミアムを参照したい場合、両手法の平均値の利用が考えられる。図表１－12の統計値から判断される現在の日本市場のマーケット・リスクプレミアムに対する妥当なレンジは、5.3～7.2%程度と推計される。両手法の平均をとると6.3%となる。

以降では、この２つの推計方法について詳しく解説する。

過去の実績データを用いたマーケット・リスクプレミアムの推計（ヒストリカル法）

「マーケット・リスクプレミアム＝株式期待収益率－無リスク資産の期待収益率」と定義した場合、過去の実績データを使う方法では「マーケット・リスクプレミアム＝株式インデックス・リターン－リスクフリーレート」で推計される。

図表１－13では、TOPIXヒストリカルリターンとリスクフリーレート（過去平均）の差をとることで、日本市場のマーケット・リスクプレミアムを推計した。TOPIXヒストリカルリターンの推計には、TOPIXと東証一部加重平均利回りを用い、1976年からのリターンの平均値で計算した。リスクフリーレートの推計には、現在の歴史的低金利を考慮し、1987年からの10年国債利回りの平均値を用いている。

現状の株価に織り込まれているマーケット・リスクプレミアムの推計（インプライド法）

これは、アナリストなどが公表する将来業績シナリオ（コンセンサスシナリオ）と現在の株価を所与として、株主資本コストを逆算する方法である。主に、機関投資家が使用する手法であり、現在の株価を用いるため、投資家

図表1－13　ヒストリカル法によるマーケット・リスクプレミアムの推移

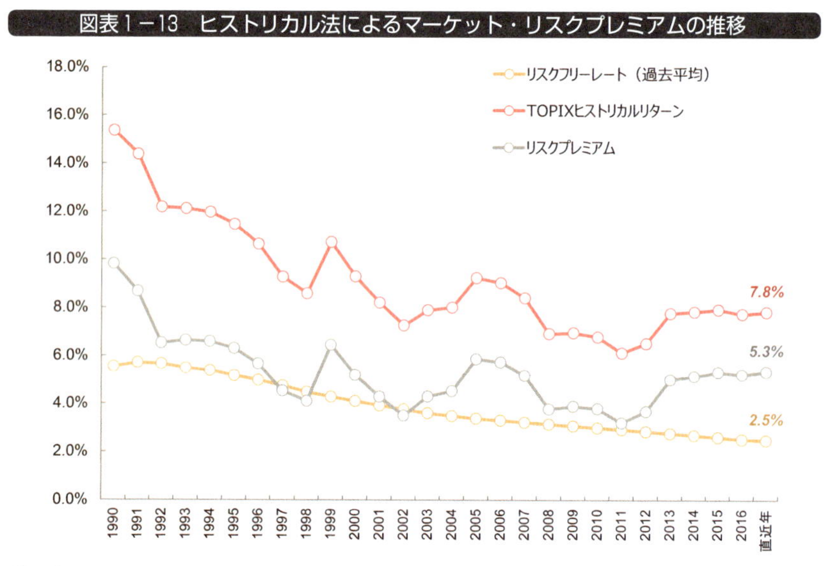

（注1）　TOPIXヒストリカルリターンは、TOPIXリターン（TOPIXリターン＋東証一部加重平均利回り）を1988年以降のデータで平均することにより推計。
（注2）　リスクフリーレートが負の値の場合は一律で0％に切上げ。
（注3）　暦年ベースで各年末時点の値を表示。ただし、図表内の数値は2017年6月末時点。

のマインドをより反映した推計結果を得ることができる。一方で、以下に示すような理論モデルを利用するため、モデルが現在の株価を十分に説明できていないケースでは、推計結果の信頼性が低くなってしまうという問題もある。

①DCF法

②EPモデル

③EBO（Edwards-Bell-Ohlson）モデル（残余利益モデル）

ここでは、モデルから直接、株主資本コストを推計することができる③EBOモデルを利用したマーケット・リスクプレミアムの推計方法について紹介する。図表1－14が推計結果である。

EBOモデルによるアプローチでは、将来財務シナリオに対して、投資家

図表1－14　インプライド法（残余利益モデル）によるマーケット・リスクプレミアムの推移

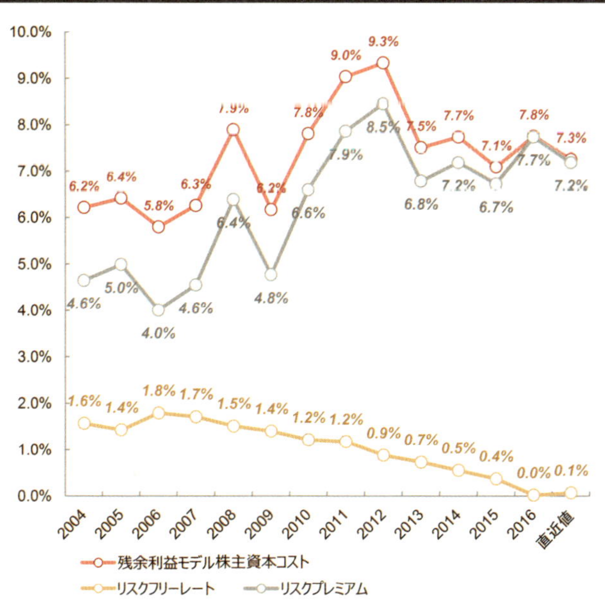

（注1）　値は原則各年1～12月の平均値、直近値のみ直近12カ月の平均値。直近時点は2017年6月末。
（注2）　10年国債利回りが負の値の場合は一律で0％に切上げ。

のコンセンサスがあるものとし、現在の株価に織り込まれている株主資本コストを逆算する。

このモデルでは、株主価値SVは、現在の自己資本B_0と将来の経済的付加価値（$E_n - rB_{n-1}$、株主資本コストを上回る利益）の割引現在価値の和となる。

$$SV = B_0 + \sum_{n=1}^{\infty} \frac{E_n - rB_{n-1}}{(1+r)^n}$$

SV　：　株主価値
B_n　：　n 期自己資本
E_n　：　n 期純利益
r　：　資本コスト

来期以降の利益が一定と仮定した2期間EBOモデルは以下のようになる。このモデルに、母集団の合計時価総額（SV）、実績自己資本（B）、今期および来期予想税引後経常利益（E）、予想配当（d）を代入することで、現在のマーケットが織り込んでいる株主資本コストを推計することが可能である。なお、本推計における利益と配当は、野村證券金融経済研究所の企業アナリストによる予想値を用いている。

$$SV = B_0 + \frac{E_1 - rB_0}{1+r} + \frac{E_2 - rB_1}{(1+r)r}$$

$$B_1 = B_0 + E_1 - d$$

ベータの推計方法

公開企業の場合、ベータは市場株価による推計値を用いるのが一般的である。ベータは、個別株式のリスクを市場ポートフォリオのリスクに対する相対リスクとして表した値である。よって、ベータ＝1で市場と同程度のリスク、ベータ＞1では高リスク、逆にベータ＜1では低リスクとなる。ベータは、個別株式のリターンの市場ポートフォリオ（代表的な株価指数、日本ではTOPIXを用いることが多い）のリターンに対する回帰係数で表される。したがって日本企業のベータは、TOPIXリターンに対する個別株式リターンの感応度を表していることになる。どの程度の期間のデータを使用するのか、またリターンを日次、週次、月次いずれで定義するのかにより、さまざまなベータを計算することができるため、目的にあわせて適切なベータを選択する必要がある。企業価値評価や年単位のプロジェクト評価に用いる場合は、推計結果の安定性の観点から月次36カ月・60カ月もしくは週次104週のリターンを用いることが多い。なお、実務で最も多く使われているのは、対TOPIX60カ月ベースで計算したベータである。

個別企業のベータを株価データから推計する場合、図表1－15のような散布図を描き、回帰直線の傾きを当該企業のベータとする方法が一般的である。ここでは、ある企業の60カ月の月次株価リターンとTOPIXリターンを基に回帰直線の傾き（1.49）を求め、それを当該企業のベータとしている。

図表１－15　株価データを用いた個別企業のベータの推計方法

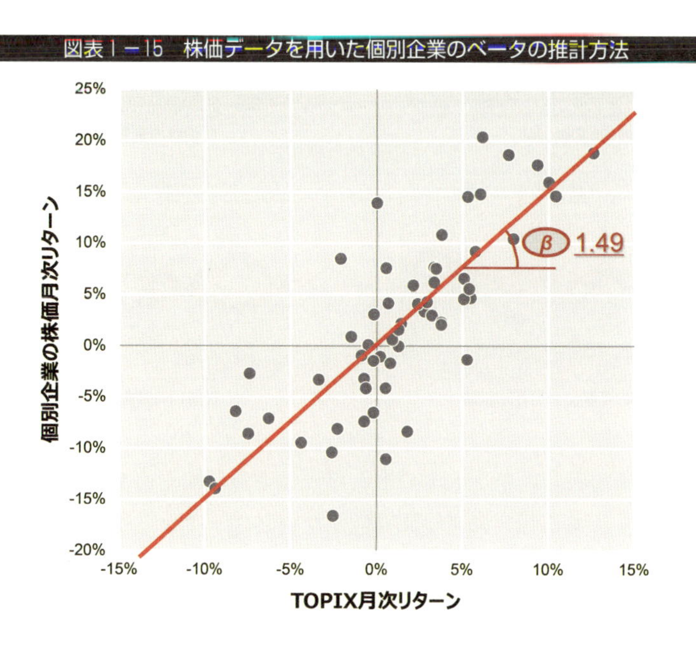

図表１－16は、マーケットインデックス（日本企業の場合はTOPIX）と個別企業の株価推移の関係からベータの水準を表したものである。

ベータがマイナスということは、市場全体が上昇したときに、逆方向に動くクセがあることを示唆している。つまり、市場全体が上昇するときには下落しやすく、逆に市場全体が下落するときには上昇しやすい、という傾向をもつ銘柄ということになる。これは、市場全体が上下する要因になりやすい為替、企業業績、景気動向などとは違った要因で動く銘柄であると考えられる。ベータがマイナスになる代表的なケースとしては、100円未満の低位株があげられる。多くは、業績が赤字続きで、買い手のない、すなわち流動性

図表1－16　ベータの値とTOPIXとの関係

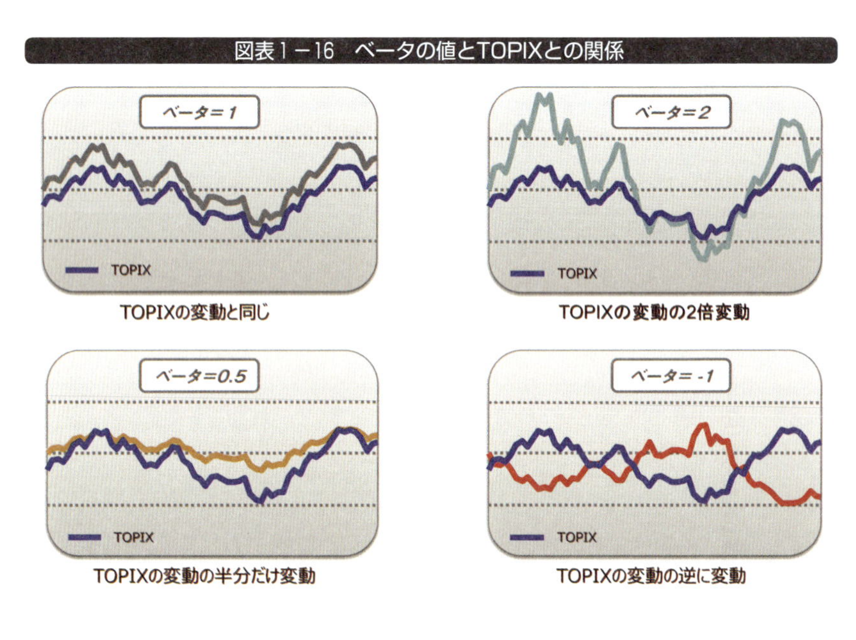

に乏しい銘柄である。ファンドのもとで再建中の銘柄や仕手系材料株が相当する。つまり、ある程度の市場流動性がないとマーケットベータは使えないという点に留意しておく必要がある。なお、流動性を考慮したベータについては本章第2節で言及する。

また、マイナスのベータを企業価値評価に使うことはできない。このような特殊なケースに対する実務上の対処方法としては、企業固有のベータを使うのではなく、業種ごとのベータを使う方法がある。この方法については本章第2節で説明する。

税引後負債コストの推計方法

ここまでで株主資本コストの推計方法について一通り説明した。次に負債コストの推計方法について説明する。

有利子負債による資本提供者（銀行、社債権者）は、出資先企業に対して借入金利息や社債クーポンという固定のリターンを期待して投資していることから、負債コストは債権者が要求する期待収益率に相当する。資本提供者は、対象企業の信用度（格付け、担保、財務状況等）を個別案件ごとに勘案して投資決定を行っており、個別案件（貸出し、社債発行等）のデフォルト・リスクに見合ったコストを要求すると考えられる。

なお、支払利息は損金算入できるため、企業の実際の負債コストは法人税控除後の金利コストとなり、以下の式のように、推計値に（１－実効税率）を掛けたものを使用する。

税引後負債コスト＝税引前負債コスト×（１－実効税率）

実務において、負債コストを推計する主な手法は以下の２つである。

①財務指標による推計（支払利息／有利子負債残高）

②資本市場による再調達金利の推計（リスクフリーレート＋信用スプレッド）

①は会計アプローチ、②は市場アプローチと呼ばれ、理論的には②のほうが負債コストの推計方法としてより妥当性が高い。しかし、②において、社債市場でみられる流通利回り（売買参考統計値）が低格付けの場合には、実際に銀行借入で調達できるレートと大きく乖離してしまう点に留意する必要がある。こうした場合は、より現実的な負債コストという観点で、金融機関の新規の約定平均金利や①の方法を用いるほうがよい場合もある。これは長期借入金を資金調達のコアとする公益企業によくみられる。また、高い調達レートの既発債がある場合などは、基本的には①の方法に従い財務データによって推計するのが、簡便かつ実態の再調達金利に近い水準となることもある。ただし、①の場合は、有利子負債の期末水準と期中水準のギャップの問題などに留意する必要がある。

負債コストの算出～資本市場による再調達金利の推計

資本市場による再調達金利の推計は、リスクフリーレートと取得している格付けに対応する信用スプレッドの和で求める。信用スプレッドは、当該企業の発行する社債や格付ランクが同程度の債券の流通利回り等から推計する。ここでポイントとなるのは、取得格付けの有無と、格付けに対応する信用スプレッドの計測である。信用スプレッドもマーケットの状態を表す適当な数値を用いるべきである。対象とする企業が社債を発行しており、格付けを取得されている場合には、その格付けを使用する。格付けを取得していない場合は、適当な格付けを推定する必要がある。財務指標を用いたり、経営陣にヒアリングしたりする以外に、定量モデルを用いて推計する方法もある。

図表1－17 R&I格付別信用スプレッド

R&I格付別 信用スプレッド（%）

年	AAA	AA	A	BBB	BB
2008年	0.29	0.31	0.85	1.35	9.64
2009年	0.45	0.29	1.21	3.09	55.90
2010年	0.24	0.17	0.50	1.64	
2011年	0.19	0.28	0.36	1.23	
2012年	0.17	0.33	0.51	1.52	25.53
2013年		0.23	0.48	0.87	11.21
2014年		0.14	0.30	0.62	4.64
2015年		0.18	0.37	0.74	5.15
2016年		0.36	0.47	0.85	
直近60カ月平均	0.12	0.24	0.42	088	1.62

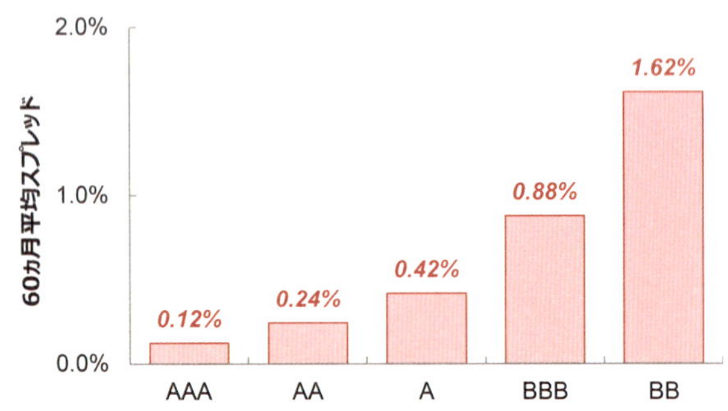

（注） R&IのAAA格とBB格は債券データが少ないため、他の格付別スプレッドから推計し（指数関数）、表示している。

信用スプレッドは、リスクのある事業債へ投資するに際して、投資家が要求するリスクフリーレートに対する追加的な利回りである。その大きさは、企業の信用リスクを表す格付けに反比例して市場で決定される。つまり、高い格付けに対しては低い信用スプレッド、低い格付けに対しては高い信用スプレッドが適用される。実務では、日本証券業協会の売買参考統計値より算出した図表1－17の信用スプレッドを利用している。なお、ここでは、信用スプレッドは格付別のTスプレッド（個別銘柄における同残存の国債との利回り差の時価総額加重平均）を表示している。

図表1－18　S&P格付別信用スプレッド

S&P格付別 信用スプレッド（%）

年	AAA	AA	A	BBB	BB
2008年	0.29	0.28	0.55	1.09	1.55
2009年	0.48	0.26	0.72	2.29	5.64
2010年		0.16	0.32	1.05	1.90
2011年		0.19	0.30	0.56	3.73
2012年		0.17	0.35	0.95	12.23
2013年		0.13	0.24	0.63	2.04
2014年		0.12	0.18	0.35	1.80
2015年		0.15	0.26	0.48	2.58
2016年		0.33	0.40	0.56	2.45
直近60カ月平均	0.05	0.19	0.28	0.57	3.99

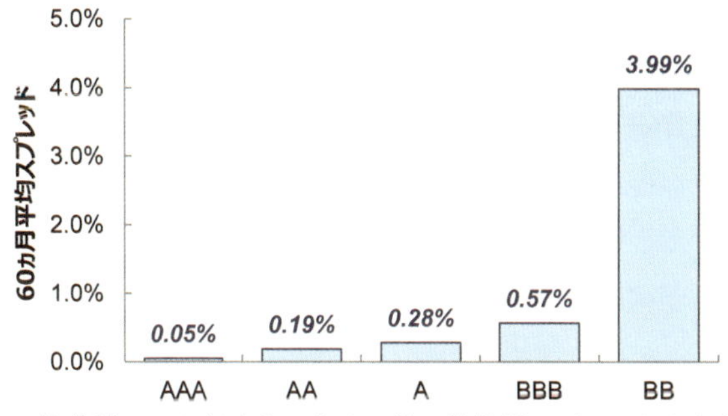

（注）　S&PのAAA格債券データが少ないため、他の格付別スプレッドから推計し（指数関数）、表示している。無登録格付けを含む。

実務における資本構成の考え方

資本コストの推計で重要となる３つの構成要素のうち、株主資本コストと負債コスト（税引後）についてはここまでで説明したとおりである。最後に、資本構成について実務的な見地から解説を加える。

企業価値評価に関する教科書においては、資本コスト推計の際の資本構成には時価を用いることを推奨している場合が多く、一般的には、次のような理由が根拠としてあげられている。

・資本コストは、計画されているプロジェクトを評価するうえで使うものであり、新たに調達した資本コストに対していくら収益を上げるかを計測するものであるから、直近（各時点）の時価を用いるべきである。

・資本コスト算出で用いるマーケット・リスクプレミアムは、時価から計算された時価ベースの期待リターンであるため、加重する際の資本ウェイトも、株主資本、負債ともに時価であることが妥当である。

しかし、実務において時価を使う場合は、いくつかの問題が発生する。第一に、将来の時価を推計するのはきわめて困難であり、時価（株価）の変動性の大きさから判断すると、直近の時価ウェイトに固定したまま将来にわたって一定であると仮定する方法は、企業価値結果を経営管理指標として利用するようなときには適切でない場合がある。ある時点における資本構成が、その企業の存続期間中の資本構成を反映しているとは限らないからである。また、時価を使うと、将来MVAを資本コストの推計に用いることになるため、循環性の問題に直面する。すなわち、株式の市場価値（時価）がわからなければ資本コストもわからず、資本コストがわからなければ株式の市場価値もわらからないことになってしまうのである。

以上をふまえ、資本コスト算出の実務における資本構成の考え方は、以下の２つが適当ではないかと考える。

・資本構成における簿価の利用
・経営者の目標とする資本構成の利用

企業の将来計画は簿価ベースで作成されるため、資本構成にも簿価を用いることで、将来の増資や自社株取得等の財務戦略による資本構成の変化を資本コストに織り込むことができる。あるいは、より長期的な視点で、経営者の目標とする資本構成を適用することも有効な選択肢といえる。そうすることで、経営者が想定する将来キャッシュフロー創出シナリオ（事業戦略）と目標とする資本構成（財務戦略）の両面から経営戦略を検討することができる。なお、この場合のエクイティの簿価は純資産をベースに考え、「自己資本＋非支配株主持分」で計算した値を用いるのが一般的である。

(5) 非財務情報と企業価値評価

第1節の最後に、最近の日本企業や投資家をとりまく新たな動きが企業価値評価手法に与える影響について考察する。

昨今見られる顕著な現象の一つに、ESG投資の急速な浸透があげられる。ESG投資とは、環境（Environment)、社会（Social)、ガバナンス（Governance）に対する企業の取組み状況に基づいて投資対象を選別する投資のことである。企業に対して長期的に優れたパフォーマンスの持続性を求める投資手法として、欧州で先行して取り組まれてきたが、ここ数年で日本の投資家にもすっかり定着した。

そもそもの発端は、2013年に閣議決定された「日本再興戦略」において、企業の持続的な成長を促すために、機関投資家と企業の建設的な対話を義務付けることが求められたことにある。これを契機に、まず2014年に「日本版スチュワードシップ・コード」が策定され、続いて2015年には「日本版コーポレートガバナンス・コード」が策定された。さらに、2017年のスチュワードシップ・コード改訂では、ESGの視点が明示的に取り込まれ、企業価値を評価する投資家サイドと情報発信する企業サイドの双方で、財務情報のみならず、企業のガバナンス情報や事業リスクに関する情報などの非財務情報を重視する機運が急速に高まった。しかし、非財務情報が企業価値あるいは株式のリターンにどのように影響するかについては、現在さまざまなリサーチが行われている最中であり、まだ明確な解は得られていない。

一般に、ESGの改善は資本コストの低減や企業価値評価のディスカウント解消に資すると考えられている。実際にESGへの対応は、事業上のリスクを回避して、収益の持続性を高める効果がある。そのため株主資本コストのベータ値を低減させる効果があるといわれているが、残念ながらこの仮説を明確に実証した事例はまだない。また、ESG要素と信用リスクの間には相関関係があるという見解もある。それが事実であれば、負債コストの信用スプレッドを縮小する効果につながるが、これもまだ実証されていない。学会や金融市場調査関係者によって行われたほとんどのESG研究・調査は、比較的短い期間の過去のデータを分析しているため、将来にわたるデータと効果の持続性は約束されていない。また、リサーチごとにかなりバイアスがかかっている可能性もある。

資本コスト以外では、ROICは収益やコストに加えてアセットの管理も重要になるのでガバナンス（Governance）との関係が強いと推測される。損益だけでなく、バランスシートまでしっかりと管理できている企業のESG評価は高くなるだろうという考え方に基づくものだが、これも期待と推測の域を出ない。

このように、ESGファクターが長期の業績予想に与える影響の大きさは単純なモデルでは計測できない。各企業が置かれている状況を深く理解したうえで、定性的なESG要因が企業価値につながるプロセスを図解していく必要がある。統一フォーマットで発行された有価証券報告書のモデル化が従来の企業価値評価モデルであるとすると、ESGは企業ごとに独自の視点とフォーマットで発行されている統合報告書をカスタマイズしてモデル化していくような世界といえよう。したがって、今回紹介した財務情報に基づいた企業価値評価モデルの中に非財務情報を組み込む方法について紹介することは、現時点ではまだできない。しかし、ESG評価の高い企業の企業価値は高くなるという関係が明確に示せるようになれば、ESGが企業価値に織り込まれるファクターとしてモデル化できる日がくるかもしれない。今後の実証分析への取組みが期待される。

2 企業価値評価の実務的応用

(1) 将来キャッシュフローの推計

将来キャッシュフローの推計は企業価値評価において最も重要な要素である。しかし、事業を取り巻く環境は刻々と変化し、未来は不確実性に満ちているなかで、完璧に将来値を予測することは不可能だろう。正攻法は、将来の事業環境を精査したうえで利益に結びつく複数のシナリオを描き、それぞれのシナリオに基づいて企業価値を推計していくシナリオ・アプローチである。企業経営では、トップがコミットメントした経営目標数値とシナリオを結びつけることで、シナリオを通して価値創造ストーリーが明確になる。こうして求めた企業価値あるいは事業価値は説得力と納得性が伴うものとなろう。

社内でシナリオ・アプローチを活用する際は、各ビジネスの中身を理解した担当者が内部情報や社内にある独自データを用いて将来のキャッシュフロー数値を予測していく。ここでは、ビジネスの詳しい内容まではわからない、かつ公開データのみで分析せざるをえない外部の評価者ができる推計方法について紹介する。また、会社計画値の妥当性を検証する際にもこの方法は有効である。

将来営業利益の推計～総当たりアプローチ

シナリオを描かずに手元にあるデータだけで営業利益を推計する方法である。総当たり法ということで、ある意味、力技ではあるが、ここで紹介するモデルをスプレッドシート上に展開しておけば、モデルに代入するデータを変えるだけでさまざまな数値の予測に活用できる。

以下の手順で将来の営業利益を推計する。

①バリュードライバーを抽出する

②過去の売上高と相関の高いバリュードライバーを抽出し、選ばれたドライバーと過去の売上高で単回帰による予想モデルを作成する

③モデルにドライバーの予測値を代入して売上高を予測する

④過去の利益率のばらつきから中立、楽観、悲観シナリオを設定する

⑤③の予想売上高×④の利益率シナリオ＝予想営業利益を推計する

図表１－19　総当たりアプローチによる将来営業利益の推計方法

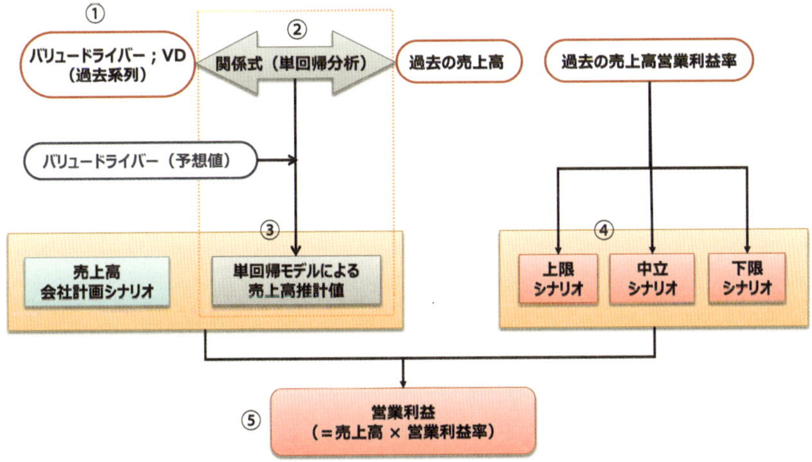

①バリュードライバーを抽出する

まず、売上高や営業利益の変動要因となるバリュードライバーを決める。主要国のGDP、鉱工業生産指数や金利、為替などのマクロ経済指標はすべての日本企業に該当する。これらに加えて、各業界のセミマクロ指標を選ぶ。実務では、企業アナリストが作成する業界レポートを参考にして抽出することが多い。

次に選んだバリュードライバーの時系列データを取得する。売上高や営業利益は本決算数値を使うので、バリュードライバーを月次データで取得した場合は年換算する。年換算の期間は決算期にあわせる。つまり、３月決算企業の場合、４月から翌年３月までのデータで年換算する。できるだけ長期のデータを用意することが望ましいが、実務では1990年以降直近までのデータを用いることが多い。指数値以外に、変化率も計算する。

②過去の売上高と相関の高いバリュードライバーを抽出し、選ばれたドライバーと過去の売上高で単回帰による予想モデルを作成する

売上高を被説明変数に、バリュードライバーを説明変数にした単回帰モデルを作成する。その際に、タイムラグを考慮してバリュードライバーを1期前、あるいは１期後ろにずらして計算する。図表１－20に単回帰モデルを説明力（R2）の高い順に並べた。将来売上高の予測には、統計的に有意（t値が２以上）で0.7以上の説明力をもつモデルを使う。

③モデルにドライバーの予測値を代入して売上高を予測する

説明力の高いモデルの説明変数（バリュードライバー）の将来値をエコノミストの予想値や業界誌などから入手する。将来値が入手できない場合は、過去のデータ系列の動きをベースに、後述する④の方法で推計したり、あるいはExcel等で多次元の線形モデルをつくって推計することも可能である。

図表１－21は単回帰モデルによる将来売上高の予測結果である。モデルの数だけ将来売上高が求められる。最大予想値（例では新車登録・乗用車をドライバーにした予想値）と最小予想値（例ではGDPをドライバーにした予想値）の範囲内に会社計画が入っているかどうか確認する。この場合は、ほぼ中央値付近に会社計画があることから、妥当な計画であるといえる。なお、この後の営業利益の予想には、全モデルによる売上高予想値の単純平均値（実線）を使った。ちなみに、単純平均値は家庭電器販売額とほぼ一致することから、当企業の営業利益を推計するうえで最も重要なバリュードライバーは家庭電器販売額であると推測できる。

図表１－20　バリュードライバーと売上高の単回帰分析の結果

売上高（水準値）								
説明変数		加工方法	タイムラグ	R2	回帰係数	t値	定数項	残差
国内総支出（GDP）	十億円	水準	t0	0.91	1.12	12.00	2.51	0.06
販売額：洗濯機	千円	水準	t0	0.90	0.42	11.68	8.13	0.06
販売額：冷蔵庫	千円	水準	t0	0.87	0.56	10.23	5.25	0.07
家庭電器販売額：総販売額	千円	水準	t0	0.86	0.54	9.64	4.11	0.08
ビデオ一体型カメラ　アナログ	（千台）	変化率	t+1	0.85	1.05	3.38	15.89	0.02
通信機械器具および無線応用	十億円	水準	t0	0.83	0.65	8.52	10.47	0.08
個人可処分所得	十億ドル	水準	t0	0.83	0.64	8.42	10.23	0.08
販売額：エアコン	千円	水準	t0	0.81	0.51	7.99	6.23	0.09
電気機械工業：輸出	1995年=100	水準	t0	0.80	0.01	7.80	15.06	0.09
米国GDP	十億ドル	水準	t0	0.80	0.62	7.64	10.24	0.09
自動車を除く 全小売売上高	百万米ドル	水準	t0	0.79	0.66	7.59	6.22	0.09
中国名目GDP（不突合を含まず）	億元	水準	t0	0.78	0.20	7.22	13.62	0.10
鉱工業 出荷指数（季調ずみ）	1995年=100	水準	t0	0.77	0.02	7.14	13.78	0.10
製造工業 出荷指数（季調ずみ）	1995年=100	水準	t0	0.77	0.02	7.09	13.78	0.10
新車登録 乗用車（季調ずみ）	千台	水準	t0	0.73	1.03	6.33	7.07	0.11
電気機械工業：出荷	1995年=100	水準	t0	0.72	0.01	6.20	15.05	0.11
電気機械工業 出荷指数（季調ずみ）	1995年=100	水準	t0	0.71	0.01	6.12	15.04	0.11
販売額：携帯電話機	千円	変化率	t+1	0.71	0.08	2.23	15.84	0.02
電気機械工業 生産指数（季調ずみ）	1995年=100	水準	t0	0.71	0.01	6.00	14.98	0.11
耐久財売上高	百万米ドル	水準	t0	0.70	0.49	5.86	8.98	0.11
販売額：テレビ	千円	水準	t0	0.69	0.60	5.74	4.35	0.11
鉱工業生産指数（季調ずみ）	1995年=100	水準	t0	0.69	0.02	5.73	13.69	0.11
製造工業 生産指数（季調ずみ）	1995年=100	水準	t0	0.68	0.02	5.70	13.70	0.11
電気機械工業：国内	1995年=100	水準	t0	0.68	0.01	5.68	15.06	0.11
総固定資本形成：民間：企業設備	（1995年=100）	水準	t0	0.67	0.90	5.51	6.75	0.12
中国実質GDP（不突合を含まず）	78年＝1	水準	t0	0.65	0.00	5.29	15.32	0.12
出荷金額：プリンター	億円	水準	t0	0.65	0.26	4.30	13.73	0.05
20歳以上人口	万人	水準	t0	0.65	1.99	4.51	−2.51	0.07
販売額：パソコン	千円	水準	t0	0.61	0.16	4.81	12.70	0.13
精密機械工業：輸出	1995年=100	水準	t0	0.58	0.01	4.56	14.35	0.13
パソコン出荷台数：本体	千台	水準	t0	0.52	0.20	3.88	13.99	0.14
景気先行指数（季調ずみ）	1996年	水準	t0	0.47	0.02	3.64	13.32	0.15
実質機械受注	（百万円）	水準	t0	0.46	0.67	3.60	6.40	0.15
HDD需要①	（千台）	水準	t0	0.46	0.10	2.04	14.71	0.05
国内出荷実績：カーナビシステム	千台	水準	t0	0.45	0.07	2.04	15.38	0.05
販売額：電子レンジ	千円	水準	t0	0.41	0.53	3.20	6.50	0.16
生産金額　エアコン	十億円	水準	t0	0.27	0.62	2.36	11.11	0.17

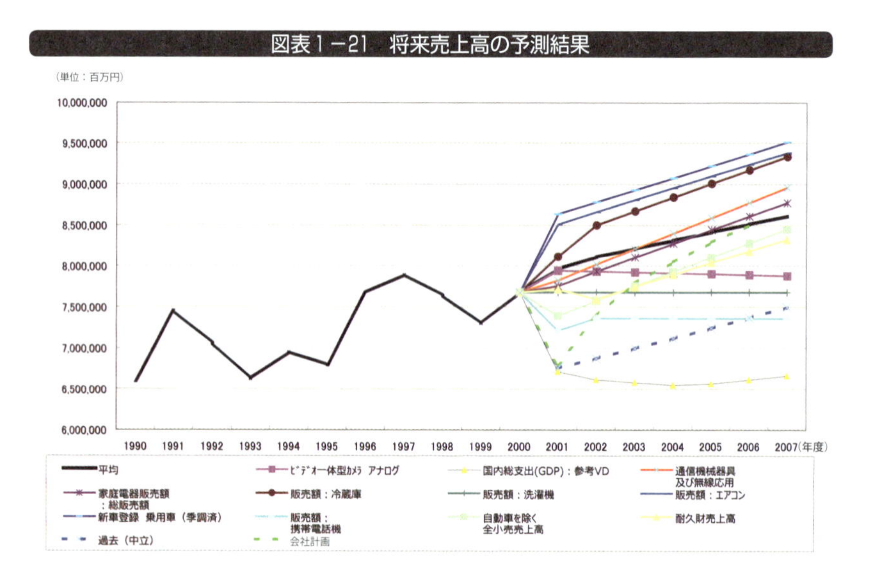

図表1−21 将来売上高の予測結果

④過去の利益率のばらつきから中立、楽観、悲観シナリオを設定する

次に利益率の将来値を予想する。売上高と同様の方法で単回帰モデルを作成して予測してもよいが、ここでは過去の売上高営業利益率データのみを使って将来値を推計してみた。結果を図表1−22に示す。12期分の過去の売上高営業利益率データで引いた回帰直線を中立シナリオとした。また、楽観・悲観シナリオは、予想最終年度（例では2006年度）の中立シナリオから±0.5〜±2σ（過去データの標準偏差）で設定する。例では、過去データのトレンドが右肩下がりである点を考慮して、悲観シナリオを中立シナリオ−0.5σ、楽観シナリオを中立シナリオ+2σで設定した。この場合、会社計画は中立シナリオから約+1σ乖離しており、やや楽観的なシナリオであるといえる。

⑤③の予想売上高×④の利益率シナリオ＝予想営業利益を推計する

予想売上高（③で求めた全モデルの予想値の平均値）に、④で求めた3種類の予想売上高営業利益率を掛けて予想営業利益を求めた（図表1−23）。会社

図表１－22　将来売上高営業利益率の予測結果

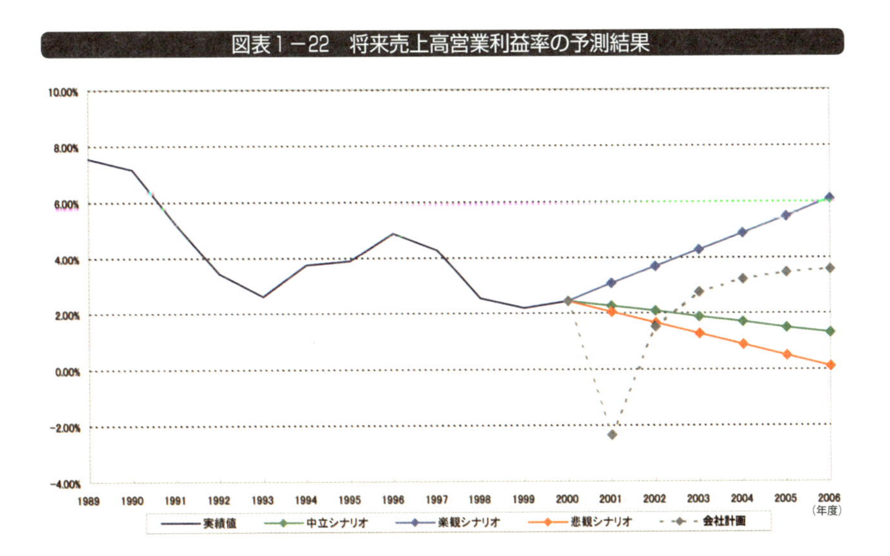

計画はV字回復を想定しているが、楽観から悲観のレンジ内に収まっているので、やや楽観的であるものの実現不可能な計画ではないといえよう。また、予想最終年度の計画値は過去の平均トレンド上に位置していることから、事業環境が著しく悪化しないという前提を置けば、達成可能な計画であるといえる。

将来営業利益の推計～DDCF法（ダイナミックDCF法）

ダイナミックDCF法（DDCF法）は、前述の総当たり法を進化させた方法である。総当たり法の最初のステップで抽出した、将来の利益に影響を与えるファクターに確率論的な要素を取り込む点が特徴である。先ほどはファクターをバリュードライバーと呼んだが、ここではリスクドライバーという呼び方をする。不確実性の高い、つまり、リスクの大きいファクターをある確率分布に基づくと仮定したうえで、モンテカルロシミュレーションを用いて将来の利益そのものを変動させる。

図表1－23　将来営業利益の予測結果

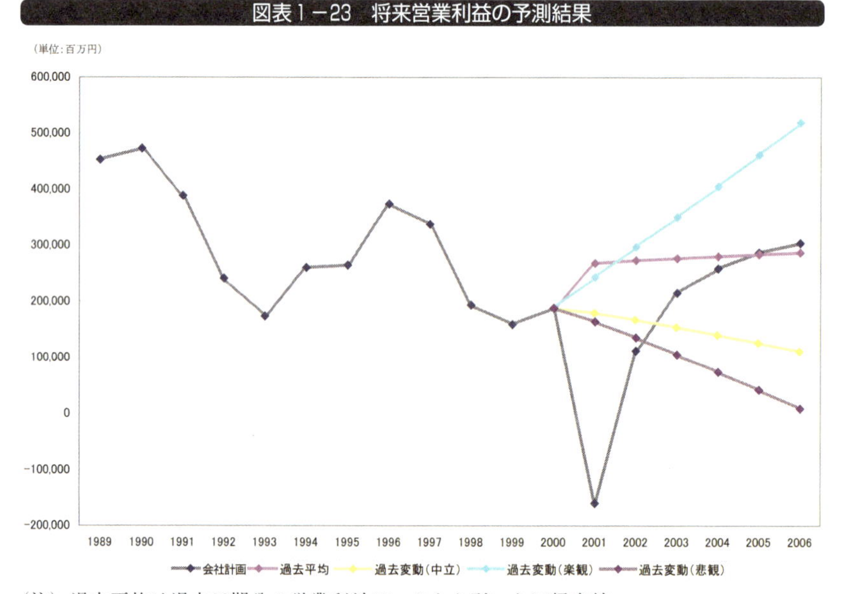

（注）過去平均は過去12期分の営業利益データから引いた回帰直線。

モンテカルロシミュレーション[4]とは、乱数を発生させて検証したい事象と擬似的な状況をつくりだすことにより、実際には起こっていない事象に関するさまざまな現象を検証する手法である。解析的に解くことができない問題でも、十分に多くの回数のシミュレーションを繰り返すことで近似解を求めることができる。

将来利益に関する何万通りものシナリオを自動的に作成することで、平均的にどれくらいの価値創造が期待できるかが明らかになる。利益予想における恣意性を排除し、価値測定の客観性をより高めることができる点が特長で

4　第二次世界大戦中、米国のロスアラモス国立研究所で、コンピュータの父と呼ばれるJohn von Neumann氏らが、中性子が物質のなかを動き回るようすを探るために考案した手法が起源とされる。そのときこの手法を「モンテカルロ」という暗号名で呼んだらしいが、これはギャンブルの国モナコの首都モンテカルロからとったといわれている。

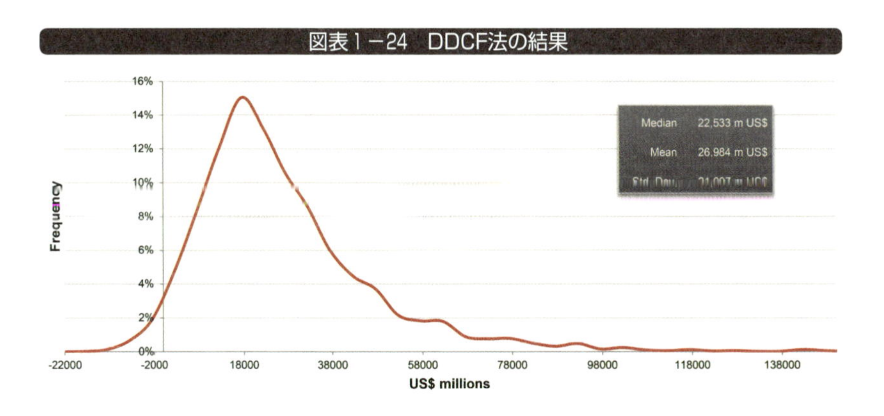

図表１－24　DDCF法の結果

ある。実務での活用方法としては、主に、社内の担当者が内部情報を使ってシナリオ・アプローチで推計した将来値の妥当性を調べる際に大変有効である。まず、推計値が、DDCF法で算出された平均値や中央値から大きく乖離していないかを確認する。また、図表１－24のように、推計値（横軸）確率（縦軸）の２軸にDDCF法の結果をプロットすることで、シナリオ・アプローチで推計した値の実現確率を求めることができる。さらに、図表１－24のようにある程度の確率で価値がマイナスになる可能性も示唆された場合は、最悪のシナリオとして念頭に置いたうえで計画を立てることができる。例では、大きく稼ぐ確率よりもマイナスになる確率のほうが高いので、対応方法についてあらかじめ対策を練っておくことが必要となる。

このようにDDCF法は社内経営管理ツールとしては有効だが、一方で、M&Aの実務交渉には不向きだといえる。シナリオを自動作成するため前提条件がわかりにくくなってしまう、いわゆるブラックボックスになってしまうため、M&Aの価格交渉で、モンテカルロシミュレーションで出てきた平均値をそのまま使うことはまずない。

オルタナティブ・データによる業績予想

補足として、最近、資産運用の世界で関心が高まっている「オルタナティブ（代替）・データ」と呼ばれる新たなデータについて触れておく。オルタナティブ・データとは、人工衛星画像や、タンカーやコンテナ船の位置情報、港湾の税関の記録、クレジットカードの取引データ、各種SNSなど、財務データ以外の非伝統的データを示す。企業業績をより精緻に、より迅速にとらえることができる可能性があり、従来手法を補完するデータとして注目が集まっている。利活用の代表例としては、大量のクレジットカード取引データや衛星画像を分析し売上高を予測する、あるいは、各種ウェブサイトやソーシャル・メディア、モバイル広告などを分析して、主力商品やサービスの個別の売上げ動向を把握するなどがあげられるが、これ以外にも分析者のセンスとイメージによって新たなデータと解析手法が日々発見されている。

しかし、オルタナティブ・データのみで長期の業績を予測するのは困難であり、従来方法と同様に高い不確実性を伴う。向こう１、２年程度の業績予想値を用いるマルチプルにおいては、従来手法で求めた予想値を補完するものとして活用できるかもしれない。さらに、データの癖も強く、大量データをさばく解析力も必要となり、専門的な知見を必要とする点で難易度は高い。

⑵ 資本コスト推計の実務

前節では、資本コストを構成する各パラメータの推計方法について紹介した。ここでは、実際に資本コストを利用する際の実務上のポイントを、個別企業ごとに固有なパラメータであるベータを中心にいくつか紹介しよう。

実務におけるベータの調整

ベータはマーケットの実績データを使って推計される客観的な指標であるが、しばしばその精度が問題となることがある。単純な回帰推定の結果をベータとして用いた場合、株価への説明力はあまり高くないとの学術的な報告が各国にある[5]。また、偶然にも、TOPIXリターンに対する個別株式リターンの感応度が異常に高い（低い）月が推計データに含まれると、ベータは過大（過小）評価されてしまう。そのような指摘をふまえて、ここでは、投資家、主に金融機関で一般的に用いられている修正株価ベータを紹介する。回帰推定結果にベイズ修正[6]などを加えると株価への説明力が増加することが知られているが、その性質を利用したものとして、ブルームバーグの修正株価ベータが有名である。ブルームバーグでは、TOPIXを基に過去２年のデータ（104週分）を使ってベータを算出し、それを以下の式で修正したものを修正株価ベータとして提供している。

ブルームバーグの修正株価ベータ＝株価ベータ×0.667＋0.333

実際に、過去の実証研究[7]では、ベータは時系列の推移とともに１に回帰する特性があることが証明されている。上記の式はこれに基づいたもので、変動の大きなマーケットベータを１に近づけるように調整している。

流動性リスクプレミアムの評価と流動性ベータ

小型株のほうが大型株よりも値動きが激しいことは、市場参加者の誰もが経験則として認める事実である。値動きが激しいとは、すなわちベータが高いことを示唆する。一般的な傾向として、小型株は大型株よりも市場での流動性が低い。つまり、小型株には通常のCAPM式に、流動性に関する項が加算され、その結果株主資本コストが高くなると考えられる（図表１－25）。ここでは加算項を「（個別企業の）流動性リスクプレミアム」と定義する。

5　代表的な論文としては「Chen, N. , R. Roll and S. A. Ross（1986）“Economic Forces and the Stock Market”, Journal of Business, 59(3), pp. 383-403.」があげられる。

6　ベイズ修正は、推計誤差を減らすため、過去データ等の客観的な観測情報（例：ヒストリカルデータを使った期待リターンの推計）から得られた推測に、定性判断などの主観的な情報（例：経済ファンダメンタルズを織り込んだリスクシナリオなど）を加えた手法である。

7　Blume and Friend［1973］など

図表1－25　株主資本コストにおける流動性リスクプレミアム

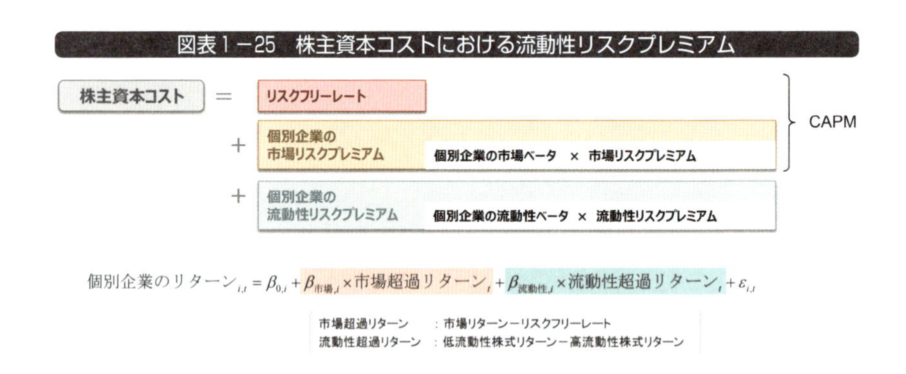

個別企業の流動性リスクプレミアムは、個別企業の流動性ベータと株式市場の平均的な流動性リスクプレミアムの掛け算で表される。流動性ベータは、個別企業の流動性リスクの大きさを表す尺度である。流動性ベータが高い企業（すなわち流動性の低い企業）は、高い流動性リスクプレミアムを要求され、株主資本コストが高くなるため、その結果、株主価値はディスカウントされる。以下で、個別企業の流動性リスクプレミアムの推計方法について説明する。

まず、日本市場の平均的な流動性リスクプレミアムを推計する。ここでは、流動性超過リターン（流動性が高い株式のポートフォリオと低い株式のポートフォリオにおける各リターンの差分）の平均値と定義した。流動性が低い株式のポートフォリオは、流動性が高い株式のポートフォリオと比較して価値の変動性も大きいが、平均的には一貫して高いリターンを実現している。流動性の評価には、米国のファイナンス学者AmihudやAlmgrenらの推計マーケット・インパクト（下記参照）を用いた。東証一部上場企業を対象に、流動性が高い株式（上位20%）と低い株式（下位20%）の各ポートフォリオ（時価総額ウェイト）の月次リターン（配当は含まない）を計測し、1980年12月末～2016年12月末までの月次データを観測した。この方法で推計した日本市場の平均的な流動性リスクプレミアムは、3.88%となった。

$$\text{推計マーケット・インパクト}=\left(\frac{(\text{日中高値}\div\text{日中安値}-1)}{\text{日中売買代金(億円)}^{0.6}}\right)\text{の平均値}$$

（注）　平均値は過去60日の日次取引データより計算。

次に、個別企業の流動性ベータを推計する。流動性ベータは、日本市場の平均的な流動性リスクプレミアムの変化に対する、個別企業における過去の株価リターンの感応度として定義した。図表１－26に、求めた流動性ベータと市場時価総額の関係を示した。時価総額が小さい企業ほど、流動性ベータは高い。すなわち両者の間には負の関係性が確認できる。この関係を使うことで、流動性ベータ推計がむずかしい上場期間が短い企業についても、時価総額からおおむねの水準を推計することができる。なお、日本企業の流動性ベータの中央値は0.44前後である。

なお、図表１－26内の「2,000億円～」の数値で確認できるように、時価

図表１－26　流動性ベータと時価総額の関係

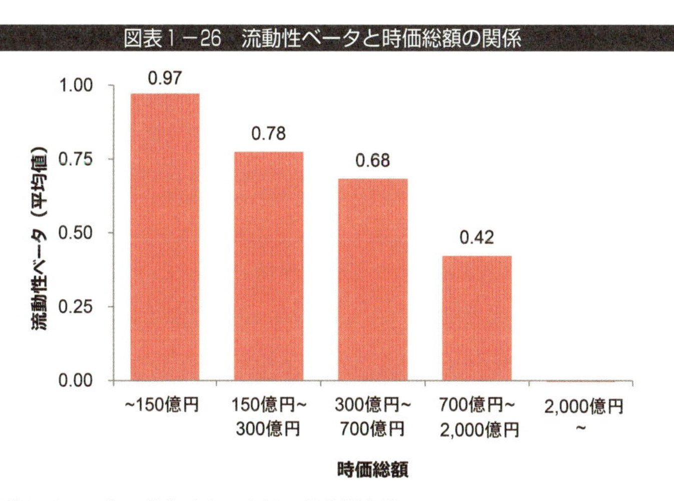

（注１）　対象は2016年12月末時点の東証一部上場企業。
（注２）　流動性ベータの上下１％以内の値は外れ値として除外したうえで、時価総額を基準におおむね銘柄数が等しくなるように５個のグループに分割し、各グループの流動性ベータの平均値を求めた。

総額の大きい企業の流動性ベータは0もしくはマイナスになる。したがって、規模の大きい流動性が高い企業は、流動性リスクプレミアムが存在しないと考え、株主資本コストは通常どおりCAPM式のみで計算すればよい。

ここでは、小規模企業の株式価値を評価する際の株主資本コストとして、CAPM式に流動性プレミアムを“足し算”する方法を紹介したが、これ以外のアプローチとしては、イボットソン・アソシエイツ社が提唱する“掛け算”による推計方法がある。イボットソン・アソシエイツでは、「業種と企業規模に応じてマーケット・リスクプレミアムが異なるのであれば、業種ベータと規模別ベータの積でプレミアムを推計すべし」という主張に基づき、以下の式で株主資本コストを定義している。

株主資本コスト＝リスクフリーレート＋業種ベータ×規模別ベータ
×マーケット・リスクプレミアム

（注１） 規模別ベータとは、ある企業規模に属する銘柄群のポートフォリオのマーケット・リスクプレミアムに対する感応度。
（注２） 業種と規模の間には強い相関性がないことを確認している。

ここで紹介した流動性リスクプレミアムは、投資家目線で流動性が低い企業の株主価値を計測する際には都合よく働くケースが多い。しかし、企業内部でこれが使われることはまずない。そもそも企業内部では、流動性のない資産（非上場子会社や事業用資産など）を評価対象とするのが一般的であり、頻繁に売買されることを前提としていないので、DCF法で評価する限り、流動性リスクプレミアムを加算して評価する必要はない。

ベータの要因分解

統計理論に従えば、ベータは“相関係数”（マーケット指数に対する個別企業株価の連動性）と“ボラティリティ比”（個別株価ボラティリティとマーケット指数ボラティリティの比）の積に分解することができる（図表１－27）。

ボラティリティ比が高い場合でも、相関係数が低い場合、ベータは小さく

図表１－27　ベータの要因分解①～分解式

$$\beta = \rho \times \frac{\sigma_{Individual}}{\sigma_{Market}}$$

ベータ　相関係数　ボラティリティ比

β　：個別企業のベータ
ρ　：マーケット指数と個別株価の相関係数
$\sigma_{Individual}$　：個別株価ボラティリティ
σ_{Market}　：マーケット指数ボラティリティ

なる。業績の変動が高くても、資本コストが低いことになり、直観的な理解とあわないことがある。これは、同業他社とは異なる独自のビジネスモデルによって、景気との連動が低いキャッシュフローを生み出すことで、投資家がリスク分散効果を得られる機会を与えている効用のためと考えられる。

一方、コーポレートファイナンス理論に従えば、ベータは“D/Eレシオ”、“アンレバードベータ”（財務レバレッジが０の場合の推計ベータ）に分解することができる。マーケットの株価から観測されるベータは、当該企業がもつ負債水準に応じた財務リスクを反映しているためレバードベータとも呼ばれる。レバードベータは、その企業が有する事業に起因するリスク要因と、負債の保有に起因する財務リスク要因によって構成される。このレバードベータから以下の数式によって、財務リスク要因のみを取り除くことで、負債をいっさいもたない場合のベータ（アンレバードベータ）に変換することができる。したがって、アンレバードベータは事業リスクのみを表すベータとみなすことができる。アンレバードベータの計算方法については、後述する。

以上をまとめると図表１－28のようになる。ベータは統計・ファイナンスそれぞれの理論において２つの指標に分解できる。

一方で、ファイナンス理論におけるアンレバードベータ（事業リスク）には当該企業と景気との連動性リスクが含まれ、統計理論における相関係数が

図表1－28　ベータの要因分解②～概念

統計理論を用いた
マーケット連動と相対株価変動リスクへの分解

相関係数
景気（マーケット）
連動リスク

ボラティリティ比
（相対）株価変動リスク

ベータ
投資家が認識する
株価リスク

ファイナンス理論を用いた
財務と事業リスクへの分解

D/Eレシオ
財務リスク

アンレバードベータ
事業リスク

包含されることが示唆される。そのため、アンレバードベータもまた、相関係数とボラティリティ比に分けられると考えられる。

以上の考察より、投資家が認識する株価リスク（ベータ）は、企業の財務リスク（D/Eレシオ）、景気連動リスク（相関係数）、相対株価変動リスク（ボラティリティ比）に分解することができる。株主価値評価が理論的な時価総額を推計することである以上、このように評価対象企業の株価変動が何に起因しているかを分析し、把握しておくことは意味があるといえよう。

図表1－29　株価リスク（ベータ）の要因分解のまとめ

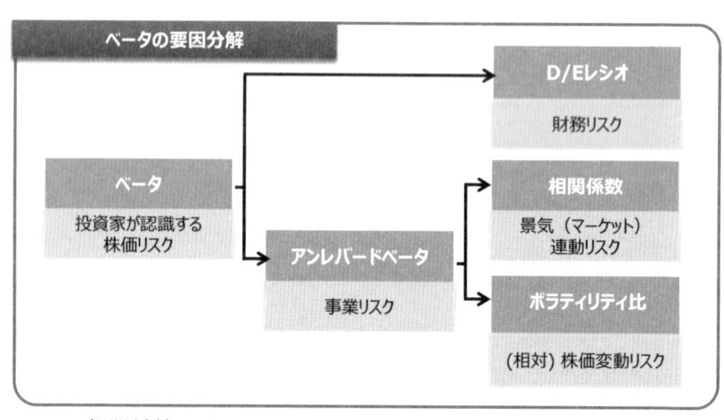

（注）　ここでの相関係数・ボラティリティ比は、図表1－28の相関係数・ボラティリティ比から財務リスクの影響を除いたものと考えることができる。

アンレバードベータ

市場株価から計算されるベータは株主からみたリスクを表している。この株主からみたベータには、その企業がもつ財務リスクが含まれている。つまり、負債が多い企業ほど、会社が倒産したときに株主の手元に戻ってくる金額が少なくなる可能性が高いというリスクを株主自身が背負っているのである。

アンレバードベータとは、ベータで表される株価リスクのなかから、財務リスクを除いて事業リスクのみを抽出したベータのことである。以下の式で計算する。

アンレバードベータ＝レバードベータ／｛１＋Ｄ／Ｅ×（１－税率)｝

この計算式は、負債の額が大きいほうが、株主からみたリスク（レバードベータ）が大きくなることを示している。これは、企業のリターンは債権者＞株主の順に配分されるので、債権者に返済される負債が大きければ大きいほど、株主向けに確保されるキャッシュフローはより大きなリスクにさらされるということに整合している。

業種ベータ

先ほどベータの精度について問題を提起したが、市場株価から推計した個別企業のベータの妥当性を検討する１つの方法として、ここでは業種ベータを紹介する。

同じ業種に属する企業であれば、マクロ指標（金利、為替、原油価格など）動向による利益への影響度は似通っていると考えられる。そこで、同じ業界で事業の状況が似ている企業は、事業リスクもほぼ同一だという仮定を置いて、業界に属する複数の企業それぞれのベータの平均ないしは中央値を業種ベータとして実務では活用することがある。複数の企業ベータを対象とすることで、各社の過大評価、過小評価が相殺されて、より精度の高いベータを推定することができる。

ただし、企業の資本構成の差異は考慮すべき点である。有利子負債の比率が高まれば、当該企業の株式投資リスクは上昇し、ベータは上昇する。そのため、業種ベータの算出ではアンレバードベータを用いる。

業種ベータは、同一業種に所属する企業のアンレバードベータの中央値、もしくは平均値で求められる。以下の手順で集計する。

①当該業種に含まれる個別企業のマーケットベータ（レバードベータ）を推計する

②個別企業のレバードベータをアンレバードベータに変換する

③アンレバードベータを用いて業種別の中央値、もしくは平均値を集計する

このように、単純に市場株価から観測されたマーケットベータ（レバードベータ）を集計するのではなく、個別企業ごとの財務レバレッジ要因を調整してアンレバードベータに変換してから集計を行うことで、より高い精度で事業リスク要因のみをとらえることができるようになる。

なお、実際に個別企業のマーケットベータ（レバードベータ）と業種ベータを比較する際には、当該企業の負債水準で、業種ベータをレバード化したものとを比較する。当該企業のマーケットベータが、所属業種におけるレバード化後の業種ベータから著しく乖離しており、かつ乖離の根拠が明確でないケースにおいては、代替手段として業種ベータを用いることも考えられる。図表1－30に業種ベータ値を一覧で示す。

図表1－30　業種ベータ

セクター	産業グループ	産業	上場企業数	有効企業数	レバードベータ	アンレバードベータ（事業要因）	D/Eレシオ
エネルギー			30	25	0.64	0.49	0.40x
	エネルギー		30	25	0.64	0.49	0.40x
		エネルギー設備・サービス	5	4	0.89	0.78	0.21x
		石油・ガス・消耗燃料	25	21	0.63	0.38	0.41x
素材			311	302	0.82	0.59	0.36x
	素材		311	302	0.82	0.59	0.36x
		化学	168	161	0.84	0.65	0.27x
		建設資材	24	24	0.83	0.55	0.49x
		容器・包装	32	31	0.48	0.36	0.46x

セクター	産業グループ	産業	上場企業数	有効企業数	レバードベータ	アンレバードベータ（事業要因）	D/E レシオ
		金属・鉱業	71	70	0.98	0.65	0.49x
		紙製品・林産品	16	16	0.80	0.43	0.96x
資本財・サービス			984	927	0.73	0.55	0.27x
	資本財		674	653	0.76	0.58	0.22x
		航空宇宙・防衛	2	2	0.80	0.50	1.01x
		建設関連製品	68	66	0.75	0.57	0.15x
		建設・土木	164	160	0.68	0.53	0.14x
		電気設備	61	59	0.87	0.70	0.18x
		コングロマリット	12	11	0.81	0.47	0.87x
		機械	256	248	0.84	0.69	0.23x
		商社・流通業	111	107	0.70	0.50	0.34x
	商業・専門サービス		200	170	0.71	0.54	0.24x
		商業サービス・用品	130	113	0.65	0.48	0.29x
		専門サービス	70	57	0.77	0.60	0.15x
	運輸		110	104	0.62	0.37	0.93x
		航空貨物・物流サービス	14	12	0.98	0.59	0.48x
		旅客航空輸送業	3	2	0.59	0.44	0.58x
		海運業	20	20	0.89	0.47	1.52x
		陸運・鉄道	59	56	0.56	0.30	1.06x
		運送インフラ	14	14	0.78	0.58	0.50x
一般消費財・サービス			867	769	0.66	0.48	0.37x
	自動車・自動車部品		126	125	1.00	0.73	0.37x
		自動車部品	116	115	0.96	0.72	0.36x
		自動車	10	10	1.25	1.02	0.60x
	耐久消費財・アパレル		189	168	0.73	0.53	0.35x
		家庭用耐久財	91	79	0.83	0.55	0.47x
		レジャー用品	30	27	0.65	0.53	0.19x
		繊維・アパレル・贅沢品	68	62	0.67	0.49	0.28x
	消費者サービス		200	176	0.47	0.30	0.64x
		ホテル・レストラン・レジャー	146	130	0.46	0.29	0.67x
		各種消費者サービス	54	46	0.49	0.38	0.47x
	メディア		103	81	0.80	0.67	0.11x
		メディア	103	81	0.80	0.67	0.11x
	小売		249	219	0.60	0.44	0.46x
		販売	48	44	0.55	0.44	0.39x
		インターネット販売・カタログ販売	37	25	0.65	0.52	0.32x
		複合小売	30	28	0.72	0.41	0.75x
		専門小売	134	122	0.58	0.42	0.45x
生活必需品			286	262	0.38	0.30	0.37x
	食品・生活必需品小売		113	101	0.46	0.30	0.52x
		食品・生活必需品小売	113	101	0.46	0.30	0.52x
	食品・飲料・タバコ		139	127	0.35	0.29	0.34x
		飲料	11	11	0.52	0.38	0.58x
		食品	127	115	0.33	0.27	0.34x
		タバコ	1	1	0.92	0.84	0.14x
	家庭用品・パーソナル用品		34	34	0.37	0.35	0.16x
		家庭用品	8	8	0.36	0.34	0.19x
		パーソナル用品	26	26	0.37	0.35	0.05x
ヘルスケア			175	155	0.75	0.66	0.16x
	ヘルスケア機器・サービス		96	83	0.71	0.53	0.17x
		ヘルスケア機器・用品	37	33	0.67	0.54	0.16x
		ヘルスケア・プロバイダー／ヘルスケア・サービス	49	41	0.71	0.51	0.20x
		ヘルスケア・テクノロジー	10	9	0.76	0.76	0.06x
	医薬品・バイオテクノロジー・ライフサイエンス		79	72	0.79	0.74	0.12x
		バイオテクノロジー	23	18	1.64	1.64	0.09x

セクター	産業グループ	産業	上場企業数	有効企業数	レバードベータ	アンレバードベータ（事業要因）	D/Eレシオ
		医薬品	41	40	0.69	0.59	0.08x
		ライフサイエンス・ツール／サービス	15	14	2.04	1.49	0.36x
金融			193	172	1.14	–	–
	銀行		94	87	0.95	–	–
		商業銀行	91	85	0.95	–	–
		貯蓄・抵当・不動産金融	3	2	0.82	–	–
	各種金融		83	73	1.47	–	–
		各種金融サービス	20	17	1.35	–	–
		消費者金融	14	13	1.41	–	–
		資本市場	49	43	1.61	–	–
		抵当不動産投資信託	–	–	–	–	–
	保険		16	12	1.05	–	–
		保険	16	12	1.05	–	–
情報技術			688	589	0.81	0.68	0.13x
	ソフトウェア・サービス		383	299	0.80	0.72	0.08x
		インターネットソフトウェア・サービス	112	78	1.04	0.94	0.12x
		情報技術サービス	128	105	0.63	0.56	0.08x
		ソフトウェア	143	116	0.83	0.78	0.05x
	テクノロジー・ハードウェアおよび機器		245	234	0.81	0.62	0.22x
		通信機器	19	17	0.72	0.72	0.03x
		コンピュータ・周辺機器	28	26	0.91	0.74	0.19x
		電子装置・機器・部品	198	191	0.80	0.59	0.25x
	半導体・半導体製造装置		60	56	0.92	0.74	0.33x
		半導体・半導体製造装置	60	56	0.92	0.74	0.33x
電気通信サービス			13	10	0.67	0.54	0.41x
	電気通信サービス		13	10	0.67	0.54	0.41x
		各種電気通信サービス	7	4	0.62	0.47	0.46x
		無線通信サービス	6	6	0.74	0.61	0.26x
公益事業			28	25	0.72	0.33	1.88x
	公益事業		28	25	0.72	0.33	1.88x
		電力	10	10	0.92	0.32	3.31x
		ガス	11	10	0.43	0.34	0.59x
		総合公益事業	1	–	–	–	–
		水道	–	–	–	–	–
		独立系発電事業者・エネルギー販売業者	6	5	0.98	0.45	1.76x
不動産			95	87	1.14	0.58	1.34x
	不動産		95	87	1.14	0.58	1.34x
		不動産投資信託	–	–	–	–	–
		不動産管理・開発	95	87	1.14	0.58	1.34x

（注１） D/Eレシオ（直近５年平均値）、レバードベータ、アンレバードベータは業種ごとにグルーピングした中央値

（注２） 本推計に使用した母集団は、2017年９月末時点で上場期間５年以上の企業を対象。ただし、レバードベータが負、ベータ推計期間内で債務超過の企業は除外した。

（注３） ベータは、対TOPIXの60カ月ヒストリカルベータ（月次リターンベース）。

（注４） アンレバードベータの推計には、D/Eレシオの過去５年間平均値と、実効税率30.86%を使用している。D/Eレシオは自己資本に非支配株主持分を含めて算出している。

なお、業種ベータは、マーケットに株価が存在しない非上場企業や事業部門あるいはセグメント単位の価値評価にも有効である。また、上場して間もないなどの理由で十分な期間の株価データが取得できない場合も業種ベータは有効である。

将来キャッシュフローを割り引く際のベータ

企業価値評価で将来キャッシュフローを割り引く割引率には、将来のすべての時点で同一の直近のベータ値を使用してもよいが、将来の財務戦略を反映させた資本構成の変化を考慮するほうが望ましい。具体的には、個別企業のマーケットベータ（レバードベータ）、もしくは業種ベータを現在の資本構成によってアンレバードベータに変換して、そのアンレバードベータを再度、将来の目標資本構成によってレバード化するという手順を踏む。

このように、実務では、経営目標とする資本構成を用いることで、財務戦略（資本政策にかかわる意思決定）と事業戦略（将来キャッシュフロー創出にかかわる意思決定）の間で整合性をとる。

M&A後の企業のベータ

投資銀行業務では、通常、M&Aを行う前に多くのシミュレーションを行うが、当然ながらその時点ではM&A後の新しい企業はまだ存在していない。したがって株価もない。このようなM&A実施後の新しい企業の価値を評価する際の資本コストを求める際にも、アンレバードベータは有効である。

M&Aによって事業リスクの異なる事業を買収して自らの事業ポートフォリオに取り込むと、結果的に自身の事業リスクは変化する。M&A後の新会社の価値評価には、単純なマルチプルではなくDCF法のほうが適当である。この際に、将来の不確実性を反映させるのはキャッシュフローのみにして、資本コストはシンプルに定義したほうがわかりやすい。事業リスクを考慮した将来キャッシュフローの予測方法は前述のとおりである。ここでは

M&A後の資本コストの推計例として、事業リスクの変化をM&A後のベータに反映させるアプローチを紹介しよう。

図表１－31に具体的な推計プロセスを示した。ここではM&A前の買収企業（X社）、被買収企業（Y社）のアンレバードベータの加重平均をM&A後のアンレバードベータとすることで、事業リスクの変化を織り込んでいる。加重ウェイトには、X社とY社の売上高比率を用いた。なお、M&A後の将来シナリオで期ごとに売上高比率が変化する場合、各期の加重平均アンレバードベータも変化するが、通期の平均値をM&A後のアンレバードベータとして適用する方法をお勧めする。それをM&A後のシナリオで設定した各期の資本構成でレバード化すれば、M&A後のベータを得ることができる。

図表１－31　M&A後の企業におけるベータの推計

M&A後アンレバードベータ		15/3期	16/3期	17/3期	18/3期
売上高	X	1,801,164	1,866,000	1,860,000	1,860,000
	Y	392,119	399,000	402,000	403,000
売上高ウェイト	X	82%	82%	82%	82%
	Y	18%	18%	18%	18%
アンレバードベータ	X	0.86	0.89	0.90	0.91
	Y	0.68	0.68	0.68	0.68
合成アンレバードベータ		0.830	0.850	0.858	0.866
D/Eレシオ（M&A考慮後）		0.49	0.44	0.42	0.40
税率		35%	35%	35%	35%
ベータ（M&A後）		1.09	1.09	1.09	1.09

ROEと資本コストの関係

投資家が提供した資金は事業活動を通じて価値を創造し、投資家に還元される。資金の出し手である投資家は、企業に対して常に超過リターンを期待しており、その超過のハードルが資本コストになる。一方、企業もリスクのあるビジネスを行うことで、資本コスト以上のリターンを上げることを目指している。このように、投資家と企業の双方にとって資本コストはクリアすべきハードルということになる。

実務では、ROEと株主資本コスト（ROEに対するハードル）、ROICもしくはROAとWACC（加重平均資本コスト、ROICに対するハードル）を比較して使う。この関係を以下のように定義する。

エクイティ・スプレッド＝ROE－株主資本コスト
EPスプレッド＝ROIC－WACC

エクイティ・スプレッドがプラスであれば、株主が期待する超過リターンを上げていることになる。しかし、図表１－32に示したとおり、現在の日本企業の32%はエクイティ・スプレッドがマイナスの状態である[8]。

図表１－32　エクイティ・スプレッドの分布

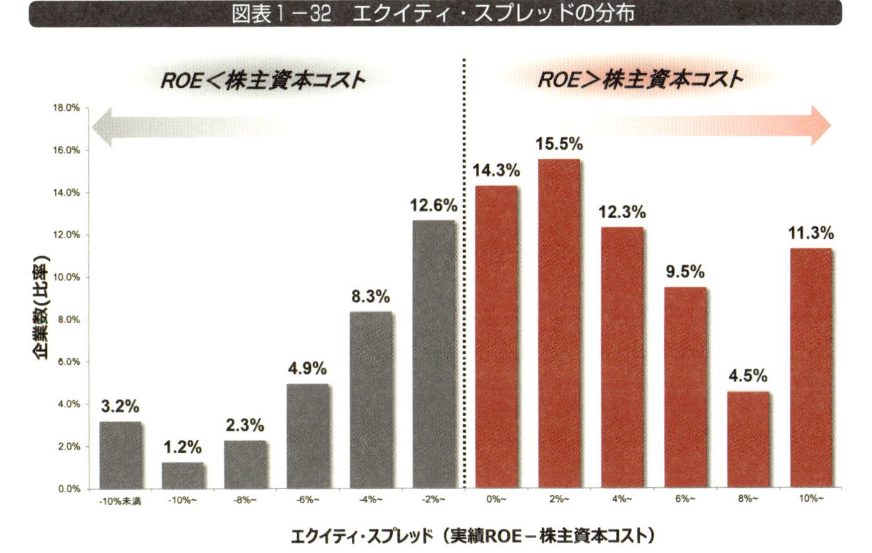

（注１）　株主資本コスト算出に利用するリスクフリーレート・プレミアムは弊社推奨値、ベータは60カ月月次を利用。
（注２）　母集団は東証一部上場企業（除く金融）のうち、上場後５年以上かつベータが正の値の企業1,764社。ROEは2017年７月末時点で取得可能な直近本決算の値を使用して算出。

8　2018年８月末時点では約25%の日本企業がマイナス。株主資本コストはほとんど同じだが、ROEが向上している。

長期にわたって株主資本コストを上回るROEを生み出すことが期待される企業は、経済的価値が付加されて市場価値（時価総額）が簿価を上回る。つまりPBRが１倍を超える状態が維持できることになる。しかし残念ながら、慢性的にPBRが１倍未満の上場企業も多数存在する。

図表１－33は、業種別のエクイティ・スプレッドとPBRの分布である。エクイティ・スプレッドが０の場合（予想ROEと株主資本コストが同程度）、PBRはほぼ１倍となる。平均的にみて、エクイティ・スプレッドの高い業種ほどPBRが高く、資本市場から高い評価を受けていることが確認できる。

いま、日本企業にとってROEの向上が最大の経営課題となっており、そのために企業と投資家の有益な対話が促進されている。そのような流れのな

図表1－33　業種別エクイティ・スプレッド vs. PBR

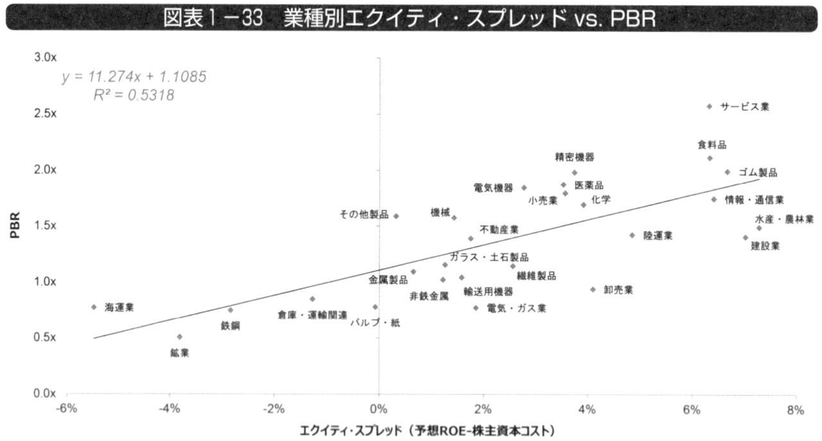

（注１）　データは2017年７月末。母集団は分析に利用するデータがすべて取得可能な東証一部上場企業。

（注２）　各数値は業種ごとに時価総額加重して算出。PL数値は１年先予想利益（東洋経済予想）ベース。

（注３）　資本コスト推計は2017年７月末時点のデータを取得。リスクフリーレートおよびマーケット・プレミアムは弊社推奨値、信用スプレッドは一律0.5%を使用。ベータは対TOPIX60カ月月次リターンを使用。

（注４）　予想ROE=予想利益/自己資本、PBR=時価総額/自己資本。

（注５）　サンプル数が十分でない「空運業」、M&Aが活発に行われている「石油・石炭製品」はグラフ内で非表示。

か、投資家と企業の共通のハードルである資本コストは、有益な対話のために不可欠なツールとして定着してきた。売上高や利益が伸びても、資本利益率が資本コストを超えないと経済価値は高まらない。企業価値の向上には、利益の成長率よりも資本コストと資本利益率の関係が重要であるという概念が広まったことで、いままでは売上高や利益ばかりに着目してきた日本企業が、ようやく資本利益率に意識を向ける時代になった。これはすなわち、資本コストを意識した経営がようやく浸透してきたといえるだろう。

インプライド株主資本コスト

実務における資本コストの最後に、企業が投資家と対話する際に把握しておくと有効なツールとして、インプライド株主資本コストを紹介する。

前節で紹介したCAPM理論に基づいた株主資本コストはわかりやすく誰でも計算できる点で、社内の投資管理ツールとして非常に有効である。それに対してインプライド株主資本コストは、株価と純利益から計算するPERを通して市場に内包されている株主資本コストを把握するというものである。一般的に、株主資本コストの高い企業（金融や商社等）のPERは低く、株主資本コストの低い企業（公益等）のPERは高い傾向が見られる。

図表１－34にインプライド株主資本コストの推計方法を示した。具体的な数値で説明しよう。まず、リスクフリーレート1.3％、リスクプレミアム６％、ベータ値0.8と仮定した場合のCAPM理論に従った株主資本コストは、1.3％+0.8×６％＝6.1％である。一方のインプライド株主資本コストはPERの逆数が株主資本コストであると考える。現在の株式時価総額が7,500億円、１年後の予想利益が600億円と仮定した場合の１年先の予想PERは12.5倍となる。これの逆数、すなわち１/12.5＝8％がインプライド株主資本コストとなる。これにより、6.1％（CAPM）と８％（インプライド）という２種類の株主資本コストが求められた。対外的には6.1％という数値を掲げつつも、現在自社に対して投資家が期待している最低限のリターンは8％くらいと知ったうえで対話に臨むことで、より中長期的な視点での成長と価値

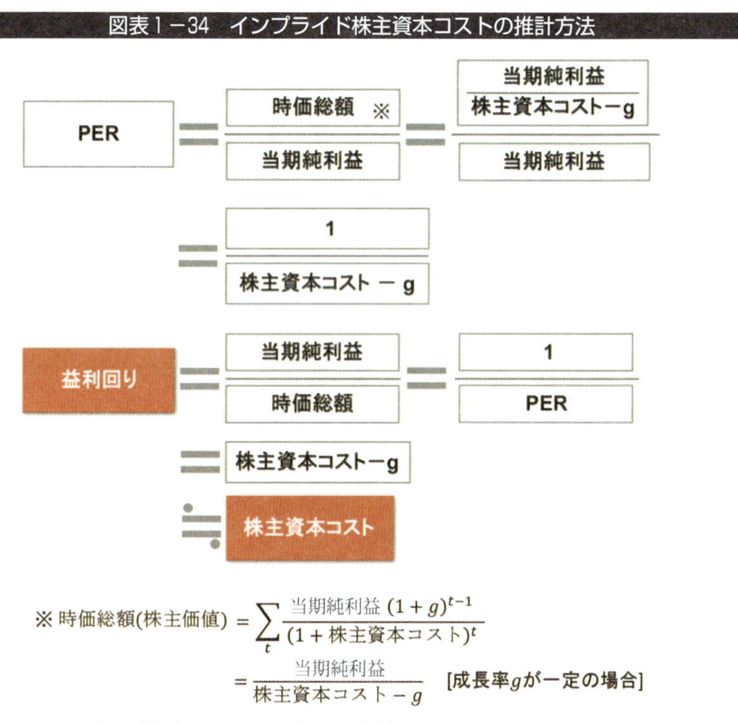

（注）gは、将来の当期純利益の中長期的な期待成長率を表す。

創造について建設的な議論が実現するだろうと期待する。

(3) 企業価値評価の実際

ここまで、企業価値の評価方法について、実務的観点を交えて解説してきた。本章の最後に、実在する企業のデータを用いて企業価値評価の一連のプロセスをおさらいし、出てきた数値をどう解釈するのかを紹介しよう。今回は、2015年８月時点におけるファナックの企業価値評価の事例を用いる。

2015年当時のファナックに起きたこと

ファナックは工作機械向けのコンピュータ（NC装置）や産業用ロボットなどを生産する大手企業である。本社は、富士山麓の山梨県忍野村にある。敷地内は黄色い建物で埋め尽くされており、“黄色い王国”と呼ばれている。建物のなかでは、黄色のロボットがノンストップで働いている。従業員の作業着も黄色、稲葉善治社長（当時）も黄色のジャケットを着ている。2015年４月28日に、ここで４年ぶりに決算説明会が開かれた。

きっかけはアクティビスト[9]からの一通の書簡だった。2015年３月期のファナックは、スマホ特需の追い風もあり空前の好業績で着地した。売上高は前期比約６割増の7,298億円、営業利益は前期比８割増の2,978億円と、いずれも過去最高値を更新した。そのような好業績のなか、2015年２月中旬にファナックに一通の書簡が届いた。差出人は米国の有力ファンド、サード・ポイントだった。2013年にはソニー株を取得してエンターテインメント事業の分離を求めるなど、「物言う株主」として有名な存在だった。サードポイントは１兆円を上回るファナックの内部留保（手元にある現金）に目をつけ、書簡を通して自社株買いをするよう要望してきた。いまのファナックは豊富な資金を活用しきれていないと主張し、内部に溜まった余剰資金の株主への還元を要求したのである。

アクティビストから物を申された会社の経営者は、彼らの主張よりも、自らの見解に説得力があることを認めさせるだけの論拠を示す必要がある。高収益ながら情報開示やコミュニケーションに消極的な会社として有名だったファナックだが、稲葉社長は、まず３月に株主との対話を重視する方針を打ち出した。2016年３月13日にファナックの株価は前日終値から約13%上昇した[10]。さらに４月には、シェアホルダー・リレーションズ（SR）部という専

9　アクティビストとは、株式を一定程度取得したうえで、その保有株式を裏付けとして、投資先企業の経営陣に積極的に提言を行い、企業価値の向上を目指す投資家のことである。いわゆる「物言う株主」で、経営陣との対話・交渉のほか、株主提案権の行使、会社提案議案の否決に向けた委任状勧誘等を行うことがある。ただし、最近では株式の保有割合が低くても、投資先企業に積極的に提言を行うケースもみられる。

門部署も設置して、IRに取り組む姿勢を明確にした。本社での説明会の再開もその一環である。

さらに、サードポイントの要求である株主還元については、以下のような施策と見解を発表した。「配当性向をこれまでの30%から倍の60%に引き上げ、加えて当期純利益の平均20%の範囲内で自社株買いを実施します。つまり、配当と自社株買いをあわせた株主総還元性向を今後5年で、平均最大80%にする方針とします。内部留保の適正水準は1兆円が1つの目安だと思っています。1兆円は、健全性や永続性を確保するため最悪のケースを想定した場合の準備資金の位置づけです。現時点では、これ以上積み増す必要はないと考えています。一方で、将来の投資に向け一定の資金を確保しておく必要もあると考えています。株主還元性向を最大80%に設定したのは、この2つのバランスを考えたためです。残りの20%で年間約400億円の投資が可能です」

一般的に、アクティビストは以下のようなタイプの企業に物を申すケースが多い。

①現預金や有価証券など流動性の高い資産を豊富にもつ企業

②有利子負債の割合が小さい企業

③投資効率が悪く、株式市場の評価が低い割安企業

ファナックの場合、①と②は確実に該当する。はたして③にも該当するのか、企業価値評価を行い調べてみる。複数のアプローチで検証することが望ましいため、今回は、インカム・アプローチとマーケット・アプローチの両方の観点で理論株価を求め、結果について考察してみる。

まず、インカム・アプローチによる企業価値評価を行う。今回はEP法を用いて、以下の手順で行う。

①将来財務シナリオの作成

②資本コストの推計

10　ファンドの投資対象となった企業は、投資が報じられた時点で平均4%プラスの超過リターンが上がる傾向がみられる。

③２種類のEP法による企業価値評価（EP-COUT、EP-FIN）

将来財務シナリオの作成

今回は、将来３期間（2016年３月期、2017年３月期、2018年３月期）の財務シナリオ（図表１－35）を用いて企業価値評価を行う。なお、2015年３期の実績値は、営業利益率=41%、ROE=15%、手元流動性/総資産比率=62%、手元流動性月商倍率=16.3倍、有利子負債０（無借金）、配当性向=22%で

図表１－35　2015年３月期時点における将来財務シナリオ

	単位（億円）				
	決算年月	15/3期	16/3期	17/3期	18/3期
B/S資産の部	**資産合計**	**16,116**	**16,724**	**17,489**	**18,234**
	流動資産合計	12,734	13,341	14,107	14,852
	手元流動性	9,912	10,800	11,375	12,089
	売上債権	1,351	1,196	1,302	1,319
	棚卸資産	1,088	963	1,048	1,062
	固定資産合計	3,383	3,383	3,383	3,383
	有形固定資産	2,659	2,659	2,659	2,659
	無形固定資産	10	10	10	10
	投資その他資産	714	714	714	714
B/S負債の部	**負債合計**	**2,249**	**2,203**	**2,234**	**2,240**
	流動負債合計	1,726	1,680	1,711	1,716
	買入債務	406	359	391	396
	短期債務	0	0	0	0
	固定負債合計	523	523	523	523
	長期債務	0	0	0	0
B/S純資産の部	**純資産合計**	**13,867**	**14,521**	**15,255**	**15,995**
	株主資本合計	13,531	14,185	14,919	15,659
	その他包括利益累計額合計	261	261	261	261
	新株予約権	0	0	0	0
	非支配株主持分	75	75	75	75
P/L	**売上高**	**7,298**	**6,460**	**7,030**	**7,122**
	営業利益	**2,978**	**2,290**	**2,538**	**2,580**
	経常利益	**3,120**	**2,500**	**2,907**	**2,755**
	税引前当期純利益	**3,120**	**2,500**	**2,907**	**2,755**
	当期純利益	**2,076**	**1,635**	**1,835**	**1,850**
その他	配当総額	466	981	1,101	1,110

あった。通常、製造業の手元流動性比率は1.5～2.5倍程度であることから、ファナックの現預金量は際立って多いことは明らかである。加えて無借金であることから、超安全企業といえよう。

2015年３期実績値をベースに、以下の前提で将来３期の財務数値を作成した。まず、損益計算書（PL）の売上高、営業利益、経常利益、当期純利益の各科目はブルームバーグのコンセンサス予想（中央値）を使用した。貸借対照表（BS）の主要科目の設定は以下のとおり。売上債権および棚卸資産は、2015年３期の売上高回転率で推移させた。減価償却費は各期の設備投資額と等しいと仮定し、固定資産は一定とした。買入債務は2015年３期の売上高回転率で推移させた。短期債務および長期債務は、2015年３期の数字で推移させた。その他資本剰余金はクリーンサープラスを前提とし、配当は稲葉社長の宣言に従い、配当性向60％で設定した。

加重平均資本コスト（WACC）の推計

資本コストの推計に必要なパラメータの数値を図表１－36に示した。ファナックの場合、有利子負債が０なので、株主資本コストの値が加重平均資本コスト（WACC）になる。

なお、この事例では、リスクフリーレートに10年フォワードレートを使用しているため、リスクフリーレートのみ将来値が変化しており、それによって将来のWACCも変化している。ただし、2015年７月当時の10年フォワードレートは、2018年３月期のリスクフリーレートを1.0％と予測していたが、現時点で2018年３月時点の10年国債利回りのスポットレートが1.0％になることはなさそうだ。資本コストの推計方法で述べたように、現在、実務では10年フォワードレートは使用せずに、10年、20年、30年国債利回りの直近値からリスクフリーレートの値を決めている。その場合は、リスクフリーレートの値は将来にわたって一定となり、変化するパラメータは資本（自己資本と有利子負債）のみということになる。

図表１－36　資本コストの推計

WACC時系列表示		15/3期	16/3期	17/3期	18/3期
リスクフリーレート	10年フォワードレート	0.58%	0.72%	0.86%	1.00%
リスクプレミアム	ヒストリカル法とインプライド法の平均値	5.95%	5.95%	5.95%	5.95%
ベータ	60カ月ヒストリカルベータ	0.679	0.679	0.679	0.679
株主資本コスト	CAPM	4.62%	4.75%	4.89%	5.04%
税引前負債コスト	リスクフリーレート＋信用スプレッド	0.79%	0.92%	1.05%	1.19%
法人税率	実効税率	35.64%	33.01%	32.34%	32.34%
税引後負債コスト		0.51%	0.62%	0.71%	0.81%
自己資本（非支配持含む）		13,867	14,663	15,496	16,385
有利子負債		0	0	0	0
株主資本ウェイト		100.00%	100.00%	100.00%	100.00%
当期WACC		4.62%	4.75%	4.89%	5.04%

２種類のEP法による企業価値評価

今回は、事業投下資本における手元流動性の扱いが異なる２種類のEP法を用いる（図表１－37）。

図表１－37のうち、いわゆる通常のEP法に相当するのはEP-COUTのほうである。通常、手元流動性は事業投下資本とはみなさず、資本コストを考慮しない。EP-COUTで評価した企業価値の推計結果はDCF法と一致する。一方のEP-FINは、手元流動性に対しても資本コストを上回るリターンを要求する手法である。手元資産の割合が高いキャッシュリッチな企業、売買目的の短期有価証券が多く積極的にリスクをとっている企業などは、EP-FINによる評価のほうがより適切であることも多い。実際に実務でそのような企業を評価する場合は、両方の手法で評価して市場株価との比較を行う。ファナックは、アクティビストから目をつけられるほどの膨大なキャッシュを抱えており、その非効率性を問われている。まさにEP-FINで評価すべき企業といえよう。

それでは、実際に２種類のEP法でファナックの企業価値を評価して、当

図表１－37　２種類のEP法による企業価値評価の計算式

	EP-FIN	EP-COUT
事業利益	営業利益＋受取利息配当金＋持分法投資損益	
課税所得	営業利益＋受取利息配当金＋のれん償却額	
NOPAT	事業利益-課税所得×実効税率	
投下資本	流動資産＋固定資産－（流動負債－短期借入金）－負ののれん	流動資産＋固定資産－（流動負債－短期借入金）－負ののれん**－手元流動性**
EP	NOPAT－前期投下資本×前期資本コスト	
継続価値	シナリオ最終年次年度EP／（資本コスト－成長率g）	
企業価値	期初流動資産＋期初固定資産－（期初流動負債－期初短期借入金）－期初負ののれん＋EP現在価値合計＋継続価値現在価値	
株主価値	企業価値－有利子負債－非支配株主持分	
１株当り株主価値	株主価値／（発行済株式数－自己株式数）	

（注１）　手元流動性＝現預金＋短期有価証券
（注２）　設備投資＝有形固定資産増減＋減価償却費

時の市場株価と比べてみよう。

①EP-COUTによるファナックの企業価値評価

EP-COUTでは手元流動性を事業投下資本とみなさない。図表１－38と図表１－39にEP-COUTによる理論株価の推計プロセスを示した。いわゆる通常のEP法はこの手法である。

各期のNOPATを生み出すために活用した投下資本は期首（＝前期末）に存在していたものであるため、投下資本とそれに掛ける資本コストはともに前期末の値を使う点に注意が必要である。EPの現在価値を合計したものがMVAとなる。MVAに期首投下資本（2016年３月期首＝2015年３月期末）と金融資産を加えると企業価値が求められる。企業価値から有利子負債（ファナックは０）と非支配株主持分を差し引いて株主価値、すなわち時価総額の理論値を求める。そして、株主価値を、自己株式を控除した後の発行済株式数で割った値が理論株価である。

図表1－38　EP-COUTによる企業価値評価①～EP現在価値の推計

EP算定	実績値				
	15/3期	16/3期	17/3期	18/3期	19/3期以降
事業利益（億円）	3,114	2,962	3,186	3,281	3,281
課税所得（億円）	3,015	2,863	3,087	3,182	3,182
実効税率	35.64%	33.01%	32.34%	32.34%	32.34%
NOPAT（億円）	2,083	1,986	2,022	2,042	2,042
投下資本（前期）（億円）	4,208	4,478	4,431	4,505	4,585
ROIC		44.36%	45.62%	45.32%	44.53%
WACC（当期）	4.62%	4.75%	4.89%	5.04%	5.04%
EP（億円）	1,889	1,774	1,805	1,815	35,933
EPOC	44.88%	39.61%	40.73%	40.28%	
割引係数		0.95	0.91	0.87	0.87
EP現在価値（億円）		1,693	1,643	1,572	31,135

図表1－39　EP-COUTによる企業価値評価②～理論株価の推計

企業価値算定	
MVA	**36,043**（億円）
期首投下資本＋	4,478（億円）
金融資産＋	9,912（億円）
企業価値	**50,433**（億円）
有利子負債－	0（億円）
非支配株主持分－	75（億円）
株主価値	**50,358**（億円）
発行済株式数（自己株式控除）	195,645,105（株）
1株当り株主価値	**25,740**（円）

以上のプロセスを経た結果、EP-COUTによるファナックの理論株価は25,740円となった。

②EP-FINによるファナックの企業価値評価

EP-FINは手元流動性に対しても資本コストを上回るリターンを要求する

手法である。図表1－40と図表1－41にEP-FINによる理論株価の推計プロセスを示した。

EP-FINにおける2016年3月期首投下資本（14,390億円）は、EP-COUTの2016年3月期首投下資本（4,478億円）に金融資産（9,912億円）を足したものになる。巨大な金融資産をすべて事業投下資本とみなすことで、EP-FINの事業投下資本はEP-COUTのそれの3倍以上に膨れ上がった。これに対して約5％のリターンが要求されることになる。したがって、創出されるEPは

図表1－40　EP-FINによる企業価値評価①～EP現在価値の推計

EP算定	実績値				
	15/3期	16/3期	17/3期	18/3期	19/3期以降
事業利益（億円）	3,114	2,962	3,186	3,281	3,281
課税所得（億円）	3,015	2,863	3,087	3,182	3,182
実効税率	35.64%	33.01%	32.34%	32.34%	32.34%
NOPAT（億円）	2,083	1,986	2,022	2,042	2,042
投下資本（前期）（億円）	12,445	14,390	15,186	16,019	16,908
ROIC		13.80%	13.31%	12.74%	12.07%
WACC（当期）	4.62%	4.75%	4.89%	5.04%	5.04%
EP（億円）	1,508	1,303	1,279	1,234	23,609
EPOC	12.12%	9.05%	8.42%	7.71%	
割引係数		0.95	0.91	0.87	0.87
EP現在価値（億円）		1,244	1,164	1,070	20,457

図表1－41　EP-FINによる企業価値評価②～理論株価の推計

企業価値算定	
MVA	**23,934**（億円）
期首投下資本＋	14,390（億円）
企業価値	**38,324**（億円）
有利子負債－	0（億円）
非支配株主持分－	75（億円）
株主価値	**38,249**（億円）
発行済株式数（自己株式控除）	195,645,105（株）
1株当り株主価値	**19,550**（円）

減少し、EP-FINのMVAはEP-COUTのMVAの7割程度となった。MVAに足すのは期首投下資本のみで、金融資産は加えない。その後、企業価値から有利子負債と非支配株主持分を差し引いて株主価値を求め、それを自己株式控除後の発行済株式数で割るプロセスはEP-COUTと同じである。

以上のプロセスを経た結果、EP-FINによるファナックの理論株価は19,550円となった。

マーケット・アプローチによる企業価値評価

次にマーケット・アプローチによる企業価値評価を行う。最も一般的な類似会社比較法（通称；マルチプル法）については、すでに計算プロセスの詳細について解説したので、ここでは若干異なる手法を紹介する。

まず、ファナックを含む同業他社の株価倍率指標を用意する。今回は8社のPBR、PER（予想）、ROE（予想）、D/Eレシオを取得した（図表1－42）。いずれの指標でも同業他社間で極端な外れ値はないので、このまますべての数値を分析に用いることとする。

図表1－42　同業他社の株価倍率指標一覧

企業名	時価総額［億円］	株価［円］	PBR	1年後PER	1年後ROE	D/Eレシオ
ファナック	37,799	19,320	2.82x	22.6x	12.5%	0.00x
キーエンス	33,534	55,300	3.53x	22.2x	15.9%	0.00x
SMC	19,511	29,040	2.04x	17.3x	11.8%	0.08x
オムロン	9,613	4,425	1.88x	13.9x	13.5%	0.00x
ミスミG	3,796	1,385	2.82x	19.8x	14.3%	0.09x
安川電機	3,485	1,339	1.98x	13.3x	14.9%	0.30x
ナブテスコ	3,042	2,404	2.12x	17.3x	12.3%	0.11x
THK	2,591	2,047	1.05x	12.3x	8.5%	0.24x

一般に、PBRはROEとPERの掛け算で表すことができる。この関係に基づいて、縦軸にPBR（実績）、横軸にROE（予想）をとり、同業他社をプロットする（図表1－43）。図表内の直線は、同業種であればどの企業もPER

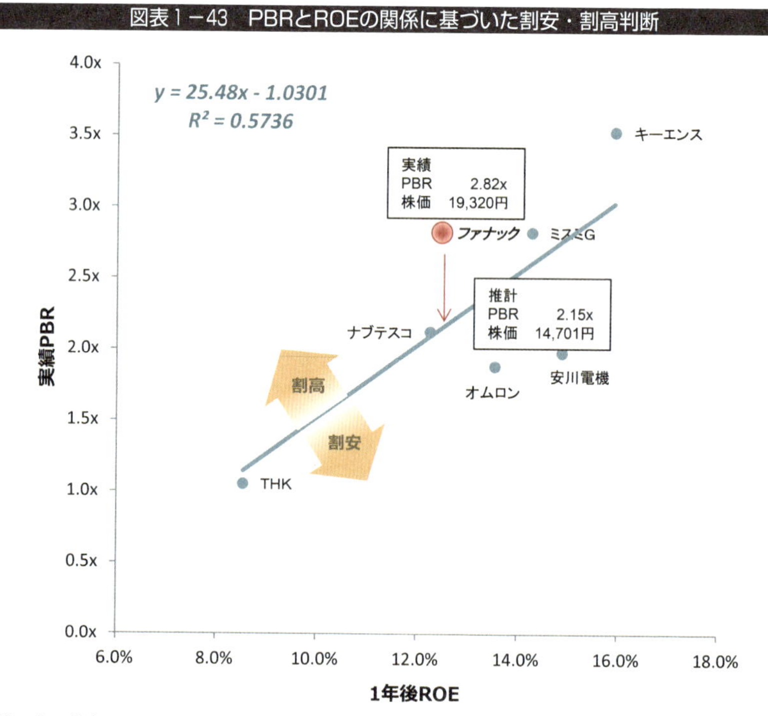

図表1－43　PBRとROEの関係に基づいた割安・割高判断

（注1）　株価データは2015年8月26日時点終値。時価総額は自己株控除後。
（注2）　財務データは2015年7月末時点における直近四半期決算値。
（注3）　予想利益は2015年7月末時点における1年後コンセンサスベース。

は同じ水準であると仮定し、ROEのみでバリュエーションを行った場合のフェアバリュー（理論株価）を表す。いま、ファナックは直線の上方に位置しているため、若干割高であると評価される。この手法によるファナックの理論株価は、市場株価よりも低く、14,701円となった。したがって、一般的に、アクティビストは「投資効率が悪く、株式市場の評価が低い割安企業」に物を申すケースが多いとされるが、マーケット・アプローチによる評価結果からは、ファナックはこれに該当しないという判断になった。

市場株価と企業価値評価結果に関する考察

ここまでのプロセスで3種類の理論株価が推計された。これらをファナックの市場株価とあわせてみることで、ファナックは投資効率が悪く、株式市場の評価が低い割安企業なのか否かについて、考察を与えてみよう。図表1－44に、過去3年間のファナックの市場株価および売買高を図示し、その上に3つの理論株価水準を当てはめてみた。

なお、考察を与える際は、以下のような観点で行うとよい。

- 市場株価は3つの理論株価のレンジ内で推移しているか
- 3つの理論株価の高低が意味すること。マーケット・アプローチによる評価のほうがインカム・アプローチによる評価よりも低いことで何がわかるか
- EP-FINとEP-COUTの乖離からいえることは何か
- どの理論株価が最も妥当なのか
- 企業価値向上のために経営者がとるべき行動は何か

まず、将来キャッシュフローの推移からみた妥当な株価水準は、EP法の

図表1－44　市場株価と理論株価の比較

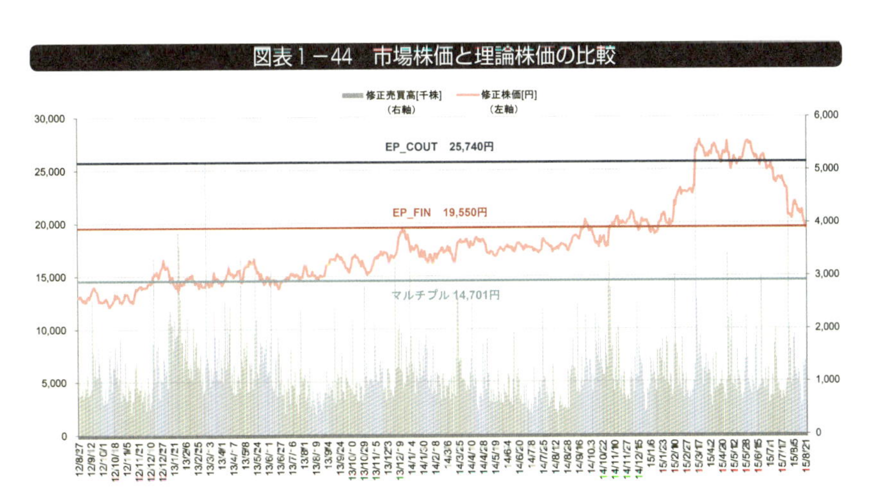

結果より、19,550〜25,740円程度である。また、同業他社との相対比較からは、14,701円程度が妥当な株価水準となった。これに対して、過去3年間でみた市場株価は12,500〜25,500円のレンジで推移しており、今回推計した理論株価はいずれもこのレンジ内に収まっている。したがって、極端に割安あるいは割高の状態にあるというわけではないといえよう。

個々の理論株価をみると、同業他社との相対比較によるマーケット・アプローチで推計した理論株価がいちばん低く、これだけに着目すると割高評価になる。一方、分析時点で市場株価に最も近いのはEP-FINによる理論株価だった。これは、金融資産を事業投下資本の一部であるとみなす手法である。したがって、市場参加者はファナックが保有する膨大なキャッシュに注目しており、これらについても資本コストを上回るリターンを要求しているようすがうかがえる。

次に、2015年2月半ばから3月半ばにかけての株価急騰と、その後8月末に元の水準に戻るまでの株価の推移について考察を与える。図表1－44で確認できるように、サードポイントの書簡をきっかけに、IRに熱心に取り組むと宣言するまでの約1カ月間で、ファナックの株価はEP-FINによる理論株価レベルからEP-COUTによる理論株価レベルまで一気に上昇した。しかしEP-COUTレベルの高値は長続きせず、6月から徐々に下がり始め、結局8月末には元のEP-FINによる理論株価レベルにまで戻ってしまった。まさにインカム・アプローチによる絶対評価のレンジ幅で推移したことになるが、これが意味するところは何であろうか。

まず、相対評価よりも絶対評価のほうがはるかに高い理論株価が出たこと、さらに市場株価は低い相対評価レベルまで低下せずに絶対評価によるレンジ内で上下に推移したことから、ファナックは同業他社内で比較されて売買されるようなタイプの企業ではなく、それ自体に価値を見出す競争優位性のある注目企業であるといえよう。つまりファナックは、本業を地道にやっていくことで企業価値を高めていくタイプの会社なのである。だから、社長のポジティブな発言によって一時的に株価は大きく上昇したが、その後の業績が当初ほどよくなかったことに市場は冷静に反応すると同時に期待感も薄れ、元のより厳しい評価であるEP-FINレベルにまで戻ったと考えられる。さらにそこを割り込んで相対評価レベルまで低下しなかったことで、EP-FINレベルがファナックの妥当な理論株価であるといえよう。したがって、ファナックは投資効率が悪い企業であるといえるが、株式市場の評価が低い割安企業とまではいえない。

この先も投資家は、ファナックが膨大なキャッシュをどう扱うのかに注目してファナックの企業価値を評価していくだろう。経営者は、内部留保に回したキャッシュを、資本コストを上回るリターンが期待できる事業に投資するのか、あるいは株主に還元するのかを明確にしなければならない。その際には目先の株価動向にとらわれることなく、常に中長期的な観点をもって投資家との対話をよりいっそう強化していくことが、真の企業価値向上につながると期待される。

【参考文献】

太田洋子・張替一彰・森本訓之『企業価値向上の財務戦略』（ダイヤモンド社、2006）

太田洋子・張替一彰・小西健一郎『企業価値向上の事業投資戦略』（ダイヤモンド社、2011）

砂川伸幸・笠原真人『はじめての企業価値評価』（日本経済新聞出版社、2015）

伊藤邦雄『新・企業価値評価』（日本経済新聞出版社、2014）

砂川伸幸・川北英隆・杉浦秀徳『日本企業のコーポレートファイナンス』（日本経済新聞出版社、2008）

山口勝業・小松原宰明「小規模企業評価のためのサイズプレミアム 2016/8」（日本経営財務研究学、2016年10月）

野村證券金融工学研究センター クオンツ・ソリューション・リサーチ部『資本コスト算出の基礎・日本、2017年10月号』

野村證券金融工学研究センター クオンツ・ソリューション・リサーチ部『資本コスト算出の基礎・グローバル、2017年10月号』

張替一彰「無形資産とESGのインプライド期待成長性への影響」、『証券アナリストジャーナル、2018年7月号』、（日本証券アナリスト協会）

加藤康之『ESG投資の研究―理論と実践の最前線』（一灯舎、2018）

Amihud,Yakov., "Illiquidity and stock returns:cross-section and time-series effects." Journal of Financial Markets 5(2002), 31-56.

Robert Almgren, et al., "Direct Estimation of Equity Market Impact." appeared slightly shortened as "Equity market impact" in Risk, July 2005.

第2章

オプション評価の概念レイヤーとロジック

阿久澤 利直

1
選択権の価値を評価するということ

(1) 日常におけるオプショナリティ

3週間先の夏休みにロンドンに行こうと思い立ち、あなたはブリティッシュ・エアウェイズのウェブサイトから羽田とヒースローの往復航空券を16万円で購入する。その3日後、同じフライトが12万円に値下げされていることを、幸か不幸か発見してしまう。購入した航空券の旅行条件書を発掘してみると、

ご契約後から旅行開始日の前日から起算して2日前までの取消手続料金は30,000円

と書いてある。あなたは購入ずみの航空券をキャンセルして、16万円から3万円差し引いた13万円の払い戻しを受け、新たに12万円の航空券を購入する。

このような選択肢を選ぶことができたことを顧みると、最初の航空券を買った日に実際のところ起こっていたのは、

①ロンドン往復航空券を手に入れる

②旅行開始2日前までの期間、航空券をブリティッシュ・エアウェイズに13万円で売ることができる権利を手に入れる

③①、②の対価として16万円を支払う

という3つのトランザクションの束だったのである。

図表2－1　16万円で航空券を購入したときに起こっていることのブレイクダウン

あなたが手に入れた②の「旅行開始２日前までの期間、航空券をブリティッシュ・エアウェイズに13万円で売ることができる権利」は金融工学の文脈ではプット・オプションと解釈される。プット・オプションとは抽象的には、「あらかじめ決められた価格（行使価格）である資産を将来売る」権利のことをいう。何かをいくらかで売る、という約束をしていて、かつ、その約束を無償で、あるいはなにがしかのあらかじめ合意されていたペナルティを払ってキャンセルできるような場合もプット・オプションを手中にしていることになる。

図表2－2　プット・オプションの定義

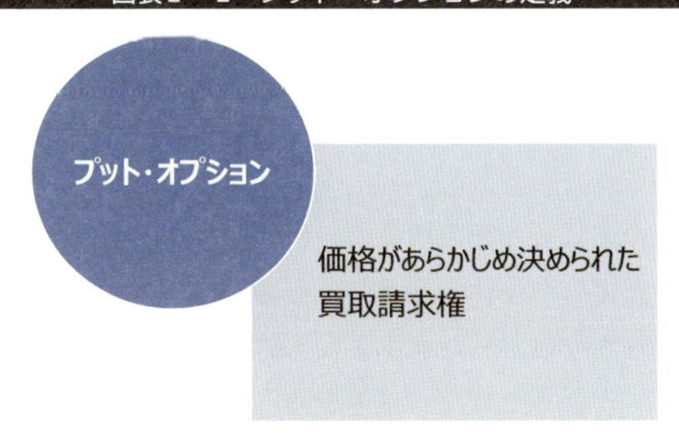

あらかじめ決められた価格は行使価格と呼ばれる。
「買取請求できるが価格はそのとき協議のうえ」というのはプット・オプションではない。

図表2－3　プット・オプションをもっている例

マリナーズは年俸200万ドルでイチローの契約を延長することができる

奨学金を一括返済した場合、所定の報奨金をもらえる

繰上げ償還可能な債券で資金を調達している

所有者が経済合理的に行動する場合、プット・オプションの最終的な価値は以下のように図式化できる。

図表2－4　参照資産価格（X軸）vs. 合理的な行使判断が行われた場合のプット・オプションの満期価値（Y軸）

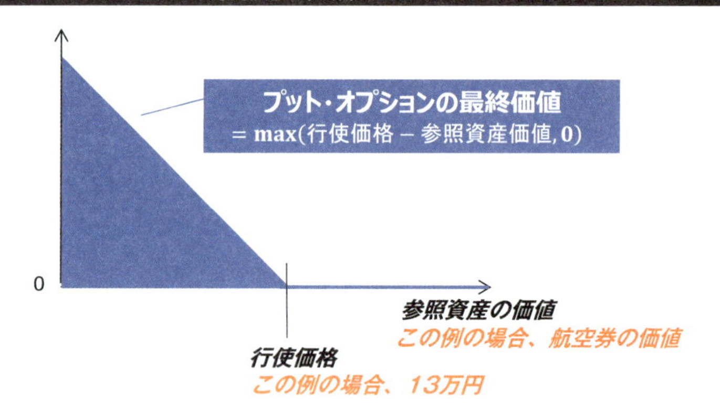

さて、あなたが支払った16万円は①、②の対価として妥当だったのだろうか？　16万円で充実した夏休みを手に入れられるのであれば安いものだ、といってすませてしまうこともできるし、客観的にみて16万円は高いとか、16万円なら妥当というような議論も可能だろう。たとえば、無償でキャンセルができる航空券が17万円で売られていたとか、キャンセルすると１銭も返ってこない航空券が15万円で売られていた、ということであればどちらがお得だったかが気になってくるかもしれない。そういうことを気にしだすと②の「航空券を13万円で売るオプション」を手にすることの価値が問題になって

くる。実は標準的なオプション評価理論はこういった

「類似点はあるが相違点もあるさまざまな権利」間の相対価格がどうあるべきか

という問題を納得感のあるかたちで解決することを非常に得意としている。

(2) 市場におけるオプション

このように世の中はオプションで満ち満ちていて、私たちはレストランの予約、航空券の購入、手付金の支払、などなど個人レベルでも「オプション」を暗黙に売り買いしている。レストランの予約をキャンセルする権利を行使するかどうかを経済合理的に決定するケースは多くはないかもしれないし、その「オプション価値」をとことんまで気にする必要はないかもしれない。しかし、たとえば、以下のような場合は客観的に割高割安をチェックすることの重要性は格段に高まる。

図表2－5　客観的な価値評価が重要になるであろう例

金融機関と事業会社や個人の間でのオプション性をもつ金融商品の売買

オプション性をもつ証券による第三者割当による資金調達

オプション性をもつ証券をバランスシートの右側に有する企業に対する上場企業によるM&A

図表2－5の1つ目、2つ目の例のような状況では「正しい価格を把握する能力」が取引当事者間で大きく異なる可能性があるため、金融機関の側がフェアネスに関する一定の責任を負うと考えられる。

3つ目の例では、上場企業の意思決定者はその株主のエージェントであり、既存ステークホルダーの利益にかなった取引であることを客観的に示すことができなくてはならない。

2つ目、3つ目の例で言及されているオプション性をもつ証券の代表例としては、転換社債型新株予約権付社債（以下、CB）や「保有者の選択により普通株へ転換する権利が付与されている種類株式（以下、転換型種類株式）」がある。CBや転換型種類株式は通常必ずしもオプションとみなされてはいないかもしれないが、多くの場合、きちんと評価すべきオプション性をもつ金融商品である。

本稿ではこの「客観的にみて割高なのか割安なのかフェアなのか」という議論を整理する。以降の議論では図表2－6にあげるような取引可能な参照資産をもつ金融商品を念頭に議論を進める。

図表2－6　取引可能な参照資産をもつ金融商品

	コール/プット・オプション	転換社債	普通株への転換条項をもつ転換型種類株式
参照資産	・日経平均、WTIなどのインデックス ・個別株 ・為替レート	・発行体の株式	・発行体の普通株式

幸い、こうした客観的な割高・割安チェックが重要になってくるような商品は、

定量評価をしようという立場からはすべてほぼ共通の理論体系で処理可能

である。基本となる理論体系はBlack-Scholesフレームワーク（BSフレームワーク）である。ただし、BSフレームワークはクレジットリスクをうまく表現できない。この問題への対応が必要な場合は、BSフレームワークの精神

に忠実な方法でクレジットリスクを取り込めるように拡張されたBlack-Scholes with jump to defaultフレームワーク（本稿ではBSDフレームワークと呼ぶことにする）が合理的であり、また実際、業界標準的に用いられている。

図表２－７　本章で議論する２つの標準的なオプション評価フレームワーク

	参照資産が不連続なジャンプをするリスクを考慮しない場合	参照資産がデフォルトするリスクを考慮する場合
適切な評価フレームワーク	Black-Scholes	Black-Scholes with jump to default
本稿での略称	BSフレームワーク	BSDフレームワーク

なぜこうした標準的なフレームワークによる評価を行うべきといえるのか？

というのが本稿の主要なテーマの１つである。

(3) 選択肢の実効性について

自分の選択肢を広げることは自分のもっている権利の価値を増大させ、自分の契約相手の選択肢を広げることは自分のもっている権利の価値を減少させる（ただし、いずれも変化させないこともありうる）。これはBSフレームワークあるいはBSDフレームワークで常に成り立つとともに、このように表明された場合には誰もが素直に受け入れる直感的にも妥当な原則だ。

しかし、現実には、図表２－８の原則と整合しない、

発行体に余分に選択肢を付与したような債券のほうが発行体の選択肢が制限された債券よりも市場価格が高くなる

といった事態がしばしば観測される。その典型例として、

図表２－８　BSフレームワークあるいはBSDフレームワークでの価値評価では常に成り立つ原則

追加する選択肢	BS、BSDフレームワークにおいて必ず成り立つ挙動	仮定されていること
発行体オプション	理論価値を下げる （または変化なし）	オプション保有者は経済合理的なかたちでオプション行使の意思決定を行う
保有者オプション	理論価値を上げる （または変化なし）	

発行体の裁量により５年後以降額面で償還可能な満期10年の普通社債（以下、NC5/10年債）

なるものを考えてみよう。以下の考察からNC5/10年債は利率が同一であれば、５年後に満期が固定されている債券（５年ブレット債)、10年後に満期が固定されている債券（10年ブレット債）のいずれよりも価値が低いはずである。

ところが、図表２－９でハイライトした部分で述べたように、NC5/10年債が10年ブレット債よりも投資家に高く評価されることはまれではない。これは

図表２－９　図表２－８の原則が成り立たない例

	解釈１	解釈２
ベース商品として想定するもの	満期５年固定で早期償還条項がついていない普通社債（５年ブレット債）	満期10年固定で早期償還条項のついていない普通社債（10年ブレット債）
NC5/10年債はベース商品にどのような変更を加えたものと考えられるか？	10年まで延長できる選択肢を**発行体に**付与	５年後以降早期償還可能な選択肢を**発行体に**付与
図表２－17の原則からの帰結	NC5/10年債はベース商品である５年ブレット債よりも価値が低い	NC5/10年債はベース商品である10年ブレット債よりも価値が低い
上記の帰結が現実に成り立つか？	おおむね成り立つ	**成り立たないケース、すなわち、NC5/10年債が10年ブレット債よりも投資家に高く評価されることもある**

NC5/10年債は5 年ブレット債、10年ブレット債のいずれよりも価値が低いはず。

早期償還を見送る発行体オプションに必ずしも実効性がなく、発行体は早期償還する権利の行使判断を（狭い意味で）経済合理的なかたちで行うとは限らない

という理解のもとに投資家がNC5/10年債を評価している可能性を示唆する。このようにオプションが実態を伴っているかどうかを適切に判断する必要があり、さもなくば、BSフレームワーク、BSDフレームワークを使ったとしても市場から乖離した評価をしてしまうことになりかねない。逆に、オプションに実態が伴っているのに、「実態が伴っていない」という整理をしてしまうことでBS、BSDフレームワークから逸脱した評価を受け入れてしまうリスクにも留意すべきであろう。

⑷ オプションとデリバティブ

ここまで選択の自由度に着目して、何らかの選択の自由度を当事者がもつような「オプション」を議論してきた。しかしながら、当事者に明示的な選択をさせることなく、オプションと同等のエコノミーを実現するような契約・商品を想定することも可能である。図表２－４は合理的なオプション行使を前提として導かれた折れ線的なペイオフであったが、たとえば、日本証券クリアリング機構のクリアリング対象になっているようなオプションは保有者が行使をせずとも自動的に同様のペイオフが実現される仕組みになっている。明示的な選択権の行使がある場合と自動的に実現される場合とで価値が異なるか、というのは前節の議論とも密接に関係してくるおもしろい問題であるが、とりあえず相違はない、という立場をとるのであれば、選択の自由度が存在する場合に議論対象を限定する必要はないことになる。

- デリバティブは、そのような非限定的な立場に立った場合の広い分析対象を指し示す
- オプションは、デリバティブの部分集合である

という言葉の使い分けが一般的であるが、どこまでがオプションに含まれるかはあまり明確ではない。たとえば、明示的な選択の自由度が存在しなくてもオプションと呼ばれている商品も存在する。

図表2－10　オプションとデリバティブの関係

オプションはデリバティブの部分集合であるが、どのような部分集合かは明確ではない。

本稿では選択の自由度が存在しオプションと呼んで違和感がないケースを中心に扱うため、分析対象をオプションと表現することにする。ただし、本稿の議論は、選択の自由度自体の議論を除いて、（図表2－6のような）取引参照資産の価格の何らかの関数でエコノミーが記述される「デリバティブ」すべてで有効であると理解してもらいたい。

(5) オプションを売買する場が存在することの意義

透明性が高い評価が可能であったとしても明示的にオプション性を内在した金融商品にややこしい、複雑という側面があることは否めない。なぜこのような商品群が必要とされるのだろうか？　ここでは経済学からの整理の一例を紹介したい。

まず景気の良し悪しと個人の生活の関係を考えてみよう。日本経済の浮き沈みと自分の財産の浮き沈みの間にどのくらい関係性をもたせたいかは大金持ちと平均的な所得の人では異なるかもしれない。

たとえば、図表2－11の2つの状況を比較すると前者のほうが明らかに深刻な問題であると思われる。

図表２－11　250万円を失うリスクに対するスタンス

A）全財産500万円のうち250万円失う

B）全財産500億円のうち250万円失う

前者に直面した場合のほうがリスク回避的になるであろうと考えられている。

したがって、A）のような状況に直面した人は、B）のような状況に直面した人と比べて、よりリスク回避的に行動するだろう。このような傾向はDecreasing Absolute Risk Aversion（DARA）と呼ばれ、いくつかの実証研究でも支持されている。さて、上記のB）を変更し、

A）全財産500万円のうち250万円失う

B′）全財産500億円のうち250億円失う

という比較の場合、どちらが辛いだろうか？

図表２－12　財産の半分を失うリスクに対するスタンス

A）全財産500万円のうち250万円失う

B′）全財産500億円のうち250億円失う

どちらに直面した場合のほうがリスク回避的に振る舞う傾向があるか議論が分かれる問題。

全財産の半分を失うことが富裕層にとっても平均的な人にとっても同じくらい深刻な問題である、というような場合をConstant Relative Risk Aversion（CRRA）と呼ぶ。CRRAが現実をよく表しているかどうかは学術的な調査でも結論が分かれるところのようである。したがって、

「500億円もっている人の１万分の１縮小コピーのような行動をとる」ことが500万円もっている人にとって幸せであると断言はできない

だろう。たとえば、全財産500万円であれば、日本経済が絶不調になるワーストシナリオで日本全体の資産が半分になっても２割減くらいの財産の目減りでとどめておきたいかもしれない。一方、全財産500億円もっていたのであれば、それが50億円になったところで存亡の危機というほどでもないはずだ。であれば、社会の全構成員に「日本株式会社」の株券を配るだけでは、社会の要請に答えることはできず、日本経済の浮沈に対するエクスポージャーをいろいろデザインしてあげるためのツールにも意味があることになる。これが「オプションが存在し、取引可能である意義」その１である。

次に日本経済全体に対するエクスポージャー以外の理由によってもたらされる収入の多寡を考えてみよう。たとえば、毎年、夏祭りで賑わう神社に向かう２つの参道A、Bがあり、

- 毎年、「参道A⇒神社⇒参道B」か「参道B⇒神社⇒参道A」のいずれかのパターンの歩行者に対する一方通行規制がかかる
- 直前までどちらのパターンの規制がかかるかはわからない
- 参道A、Bそれぞれの入り口にある露店a、露店bそれぞれのビールの売上げはどちらのパターンの規制が実行されるかで大きく異なってくるが
- しかし、２店合計での売上げは通行規制パターンにはよらない

という図表２－13のような状況を想定してみよう。

図表２－13　合計での売上げは通行規制にはよらないが個々の露店の売上げは大きく左右される状況

通行規制	露店aの売上げ	露店bの売上げ	合計
参道A➡神社➡参道B	20万円	5万円	**25万円**
参道B➡神社➡参道A	5万円	20万円	**25万円**

両者の間でリスクを分担し合い、今年の通行規制がどちらであっても安定した収入を得ることができるような取決め（たとえば12.5万円ずつ分け合うetc.）ができればお互いにハッピーであろう。オプションは、そのような相互扶助のための保険としても機能する。

ここであげた２つのタイプのオプションの意義は、実はきちんとした経済学（一般均衡論）的な裏付けをもつ。一般均衡論の文脈では、図表２－14に示す２種類のオプションがパレート効率的な社会の実現に必要なツールであることが指摘されている。

図表２－14　パレート効率的な社会の実現に必要なツール

A）「社会全体の賦存量」リスクに対する個々人のエクスポージャーの「自由な」デザインを可能にするオプション

・「社会全体の賦存量」リスクは社会トータルでは金融商品によっては回避できないが、分担割合を変更可能であることがポイント
・「ダウンサイドを限定的にしたい」といったあらゆるニーズに応えられるだけのオプション
＝「社会全体の賦存量」リスクのありとあらゆるコール・オプションが取引可能でなければならない

B）個々人の個別リスクの売り買いを実現する金融商品

・「社会全体の賦存量」と関係ない個々人の固有リスクを丸ごと移転する「保険」が取引可能であることが求められる
・ただし、固有リスクのコール・オプションといったものまでは必要とされない

パレート効率的とは誰かの効用を犠牲にせずには他の効用を高めることができない状態である。逆にパレート効率的でないというのは、「社会全体の効用」の定義がどうであれ、改善の余地が明白な状態である。普通は「社会全体の利益になる」ような施策が必ずしも社会を構成する個々人の利益の増大につながるとは限らないが、パレート非効率な状態からは誰も不幸にせず、誰かをより幸せにすることが本来はできる。ただし、そのための適切なツール、すなわち図表２－14にあげた金融商品が取引可能でなければ、パレート効率的な状態に移行することができないかもしれない。したがって、図表２－14のA）、B）のようなオプションは

「誰一人不幸にすることなく社会全体の効用を増大させる」ために不可欠なツール

という意味合いをもつことになる。

図表２－15　一般均衡論からもオプションの存在は社会的に有益と言い切ってしまうことができるだろう[1, 2]

オプションが取引できない世界 → 社会全体の効用増大 → オプションが取引できる世界

(6) 進化的な安定性という観点からの注記

なお、前節であげたオプションの存在意義が常に成立するわけではないことにも言及しておくのがフェアであろう。世の中の人々の行動から効用関数のタイプを推定するという議論とは別に、Evolutionary financeと呼ばれる分野がある。Evolutionary financeでは、

- 「良い」効用関数をもつコミュニティは繁栄し、
- 自然選択によって「悪い」効用関数は死に絶える、

というアプローチをとる。そして、生き残るのは富の対数（log）を最大化することを目指すコミュニティであることが示されている。すなわち、

1　なお、完備市場という用語が教科書によく出てくるのであるが、これはありとあらゆるオプションが取引可能、という状態を指している。たとえば、A社株を100円で買う権利、101円で買う権利、……、すべて取引可能でなければ完備市場ではない。これはあまりにも非現実的で望むべくもない理想的な状態である。幸い、パレート効率的であるためには完備市場であることまでは求められないことになる。

2　TOPIX連動ETFにせよ、日経平均先物にせよ、日本経済全体の賦存量にシンプルに比例するような金融商品ではない。同様に個別企業の株も（言うまでもなく債券も）その企業の資産に単純に連動するような金融商品ではない。

富の対数の期待値の最大化を目指すような投資戦略のみが生き残る（すなわち「進化的に安定」である）

ということになる。対数効用はCRRAである。したがって、「全財産500万円のうち250万円失うのと全財産500億円のうち250億円失うことの痛みは同じである」といった社会的なコンセンサスがあるようなコミュニティが存在するのであれば、そのコミュニティ「のみ」が最終的には勝ち残ることが示唆される。そして、そのような場合、前節で２つあげたオプションの存在意義のうち前者に関しては根拠を失う。

2 オプション評価の概念レイヤー：「現実の問題」はどのように「数学問題」に変換され、どのように解かれるのか？

オプションに由緒正しい社会的な意義があるとしても、とんでもない値段での売買が放置されていたならば、社会およびオプション取引の当事者にとって有益な存在であるとは限らない。そもそも前節の議論は社会の構成員が合理的な決定を下すことを前提としている。とはいえ、この原則をきわめて厳格に適用するのであれば、いちいち一般均衡論の見地に立って、当事者にとってのオプション価値を算出する、ということを行うことになる。普通は（というより決して）こういうことはしない。その代わりに、小さなリスクを前提とした場合に導かれる内部整合的な評価フレームワーク、すなわちBSフレームワークを用いることが確立されたスタンダードとなっている。

図表2－16　BSフレームワークの位置づけ

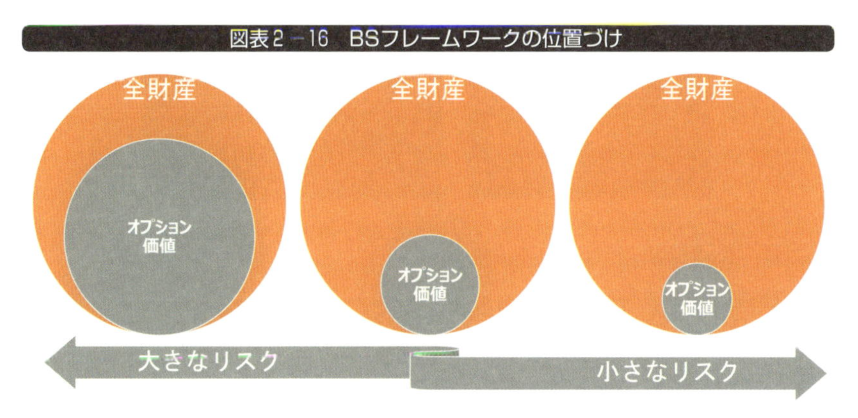

Black-Scholesモデルは現代ポートフォリオ理論＝平均分散分析と整合的であるが、その平均分散分析のフレームワークは一般均衡論的なフレームワークから「小さいリスク」を前提とすると導出できる。

(1) ブラックボックスとしてのBlack-Scholesオプション評価フレームワーク

BSフレームワークでは、オプションは図表2－17のようなインプットから図表2－18のようなアウトプットを得るプログラムで評価される。

図表2－17　BSフレームワークでの評価に必要なインプット

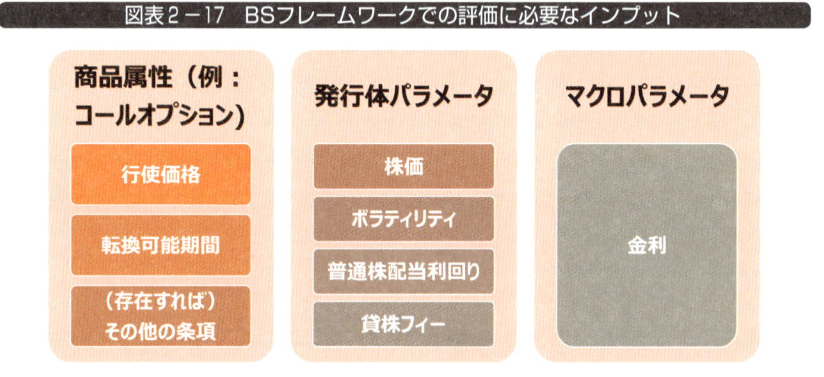

図表2－18　BSフレームワーク評価のアウトプット

理論価格

グリークス（デルタ、ガンマ、……）

- 入力パラメータを変化させた場合の理論価格の変化

なお、普通株配当は現実には年１～４回といった離散的なキャッシュフローであるが、連続配当近似もしばしば用いられる（以下、本章でも連続配当近似を採用する）。このとき、普通株配当と貸株フィーは株カレントイールドなる概念を通してのみ、評価結果に影響を与える。

$$\text{株カレントイールド}=\frac{\text{年間普通株配当}+\text{年間貸株フィー}}{\text{株価}}$$

この株カレントイールドなる概念がなぜ重要になってくるのかに関しては補論1をみてほしい。

株カレントイールドという呼び方について

$$\frac{\text{年間普通株配当}+\text{年間貸株フィー}}{\text{株価}}$$

は、債券などにおける直利（current yield）の株バージョンという解釈ができるために本章では株カレントイールドと呼ぶことにする。株カレントイールドに対応する概念は広く用いられているが、それをどう呼ぶかは（いろいろ尋ねてみたものの）実務界でもまちまちであるようだ。たとえば株キャリーコストという呼び方をすることもあるが、他の文脈で用いられるキャリーコストとの整合感の観点からは、

$$\frac{\text{年間普通株配当}+\text{年間貸株フィー}}{\text{株価}}-\text{無リスク金利}$$

のほうがキャリーコストと呼ぶのにふさわしい概念と思われる。

(2) ブラックボックスのなかの概念レイヤー見取り図

インプットとアウトプットを結ぶ「プログラム＝ブラックボックス」の蓋を開けて解体していこう。BSフレームワークは一般均衡論の立場からは一種の近似ではあるかもしれないが、それ自体きわめて高い内部整合性をもつ理論フレームワークであり、そして実務においても、内部整合性に相当に気を付けたかたちで運用されている（市場で取引されるオプションの場合、つじつまのあわない価格でオプションが売買されているとすれば、抜け目のない投資家にすぐさま餌食にされてしまうだろう。このことも内部整合的な評価が実務上も重要な理由の1つである）。

この内部整合性に対するこだわりゆえに、日常生活でも、企業や株式の価値算定を行ううえでも、あまりお目にかかることがないさまざまな専門用語（たとえば、モンテカルロ・シミュレーション、Black-Scholesモデル、２項ツリーモデル、有限差分法etc.）を用いてオプション評価フレームワークは語られることになる。

BSフレームワークによるオプション評価の流れは以下のように整理できる。

図表２－19　BSフレームワークによる評価フロー

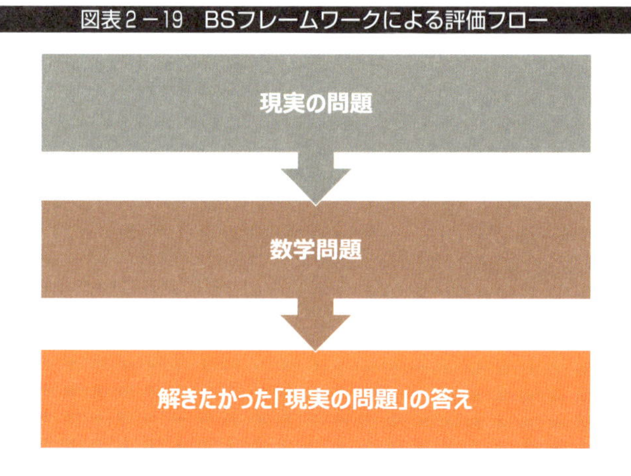

そして、このフローをたどっていくために必要な手続は以下のように整理される。

図表２－20　BSフレームワーク評価の工程表とそれぞれの工程における論点

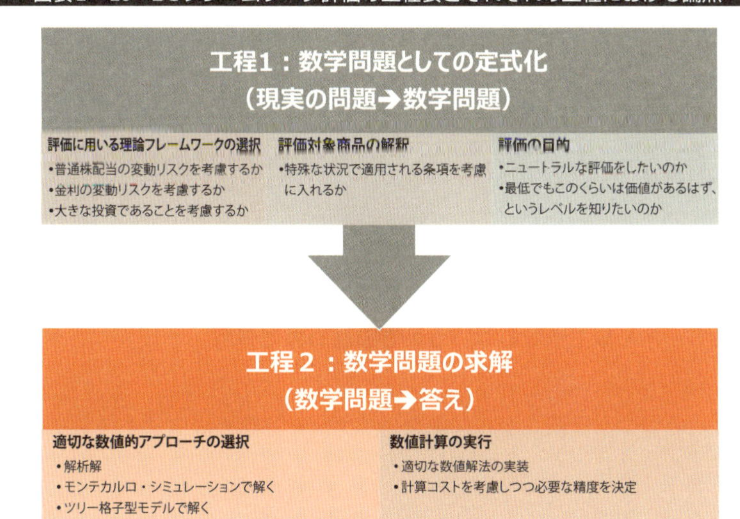

上記２つのチャートをまとめると図表２－21のようになる。

図表２－21　BSフレームワーク評価の概念レイヤー

現実の問題

↓

工程1：数学問題としての定式化

↓

数学問題

↓

工程２：数学問題の求解

↓

解きたかった「現実の問題」の答え

それぞれのレイヤーにおいて特有の専門用語が存在し、しばしば現実の紛争において言及されることがある。「なぜこの概念をここで言及する必要があるのか？」と思わされる使われ方を目にすることも皆無とはいえない。こうした専門用語、ターミノロジーを完璧に理解するためにはそれなりの数学的な準備が必要になる。が、

ある言葉が用いられたとき、それが上記の概念レイヤーのうちどの階層に属するのかだけでも把握しておくことは、オプション評価をめぐってとんちんかんな主張をしないうえでもきわめて有用

である。そのような観点から、概念レイヤーを意識しつつ、オプション評価プロセスを整理しよう。

(3) 「現実の問題」の例

まず、ここでは「現実の問題」としては以下のようなものを考える。

図表2－22　例として用いる「現実の問題」

現実の問題

「2018年10月1日にA社の普通株（以下、A社株）一株を7,500円で買う」ことができる権利を1単位売ってほしいと頼まれました」

「この権利を2017年10月1日(この日のA社株の終値7,151円)に取引するのであれば、いくらでの売買がフェアでしょうか？」

いくつかの評価上必要な前提条件を知っていれば、この問題にはピンポイントで「正解」を与えることができる。

必要な前提条件は図表２－23のとおりであり、

図表２－23　評価に必要な発行体パラメータとマクロパラメータ

	パラメータ
無リスク金利（年率）	0.1%
ボラティリティ（＝１年間の株価リターンの標準偏差）	30%
株カレントイールド	2.6%

これに対してピンポイントで与えられる正解は

オプションのフェアな取引価格=624.51円

である。これをどうやって求めるのか？　そしてなぜ正解といってしまえるのか？　が本章の主要なテーマである。なお、ボラティリティの定義はシンプルであるが、ある企業のボラティリティの具体的な水準について合意を得ることは必ずしも簡単でない。この点については章末補論３⑴で扱っている。

⑷ 数学問題としての定式化（工程１）

工程１における論点を再掲しよう。

状況によって上記すべてが論点になりうるが、ここでは、

●評価に用いる理論フレームワーク

⇨配当、金利の変動リスクは考慮しない（株の変動性のみを考慮に入れる）

図表２－24　工程１における論点（再掲）

工程1：数学問題としての定式化 （現実の問題➡数学問題） 実行にあたっての論点		
評価に用いる理論フレームワークの選択 ・普通株配当、金利、ボラティリティなどの変動リスクを考慮するか ・大きな投資であることを考慮するか	評価対象商品の解釈 ・特殊な状況で適用される条項を考慮に入れるか	評価の目的 ・ニュートラルな評価をしたいのか ・最低でもこのくらいは価値があるはず、といった上限、下限の評価をしたいのか

⇨小さい投資である前提で評価する

●評価対象商品の解釈

⇨評価時に考慮すべき特殊な条項はないと整理

●評価の目的

⇨ニュートラルな評価

という設定で評価をしてみよう。

図表２－25　採用された工程１に関する方針（例）

評価に用いる理論フレームワークの選択	評価対象商品の解釈	評価の目的
・普通株配当、金利、ボラティリティなどの変動リスクを考慮**しない** ・大きな投資であることを考慮**しない**	**・評価時に考慮すべき特殊な条項はないと整理**	**・ニュートラルな評価を目標とする**

ここでの方針。一番左の「評価に用いる理論フレームワーク」に関するこのような選択はBS理論に従うことを意味する。

特に「評価に用いる理論フレームワーク」に関して図表２－25で行った選択はBlack-Scholes（以下、BS）理論によるオプション価値を選んだことを意味する。図表２－25の方針をとったとき、「前節の現実の問題」は以下のような「数学問題」に変換される。

数学問題 1

r=0.001, σ=0.3, q=0.026とし、
ξが平均ゼロ、標準偏差1の正規乱数であったときの
$e^{-r}\max\left(7151\times e^{\left(r-q-\frac{\sigma^2}{2}\right)+\sigma\xi}-7500,0\right)$の期待値
を求めなさい

そして、この問題が気に食わなければ以下のような数学問題を解いてもらってもよいことになっている。

数学問題 2 [3]

r=0.001, σ=0.3, q=0.026とします。以下の偏微分方程式を解いて、$f(7151, 0)$を求めなさい

$$\frac{\partial f(S,t)}{\partial t}+\frac{\sigma^2 S^2}{2}\frac{\partial^2 f(S,t)}{\partial S^2}+(r-q)S\frac{\partial f(S,t)}{\partial S}-rf(S,t)=0$$

$$\text{境界条件}\begin{cases} f(S,1)=\max(S-7500,0) & \\ \dfrac{\partial^2 f(S,t)}{\partial S^2}\to 0 & S\to\infty\text{のとき} \\ f(S,t)\to 0 & S\to 0\text{のとき} \end{cases}$$

というのは「数学問題1の正解」=「数学問題2の正解」であることが知られているからである（Feynman-Kacの公式）。そして、これらの「数学問題の正解」こそが、図表2－25の選択のもとでの「現実の問題」（図表2－22）の正解、すなわち「オプションのフェアな取引価格」である。この数学問題と現実の問題の対応は厳密に示すことができるが、現段階ではそういうものだと認めてもらいたい（第3節で詳しく議論する）。

さて、数学問題1も数学問題2もその経済的な意味をまったく知らなくても解ける本当に純粋な数学問題である。これらの数学問題を解くにはどうすればいいのだろうか？

3　数学問題2の式はBlack-Scholesの偏微分方程式と呼ばれるBlack-Scholes理論の根幹をなす重要な方程式である。本章では、Black-Scholes理論、Black-Scholesの偏微分方程式、Black-Scholes公式とBlack-Scholesという冠のついた3つの概念が出てくるが、それぞれまったく異なった概念であり、混同しないように注意されたい。

(5) 数学問題の求解（工程 2）

工程 2 における論点も再掲しよう。

図表 2 −26　工程 2 の論点（再掲）

工程 2：数学問題の求解
（数学問題➡答え）
実行にあたっての論点

適切な数値的アプローチの選択	数値計算の実行
・解析解 ・モンテカルロ・シミュレーションで解く ・ツリー・格子型モデルで解く	・適切な数値解法の実装 ・計算コストを考慮しつつ必要な精度を決定

ここで俎上に載せている数学問題 1 ＝数学問題 2 に対しては大きく分けて 3 通りの数値的アプローチが存在する。

数値的アプローチの選択

①アプローチ 1 ：紙と鉛筆で式変形して求めたシンプルな評価式を用いて評価する（解析解）

数学問題 1 で求めるべき期待値は

$$V_0 = \frac{1}{\sqrt{2\pi}} e^{-r} \int_{-\infty}^{\infty} \max\left(7151 \times \mathrm{e}^{\left(r - q\frac{\sigma^2}{2}\right) + \sigma\xi} - 7500,\ 0\right) \mathrm{e}^{\frac{\xi^2}{2}} \mathrm{d}\xi$$

のように積分を用いて書くことができる。上式はさらに以下のように変形できる。

$$V_0 = e^{-q} \times 7151 \times \mathrm{normsdist}\left(\frac{\ln\frac{7151}{7500} + r - q + \frac{\sigma^2}{2}}{\sigma}\right) - e^{-r} \times 7500 \times \mathrm{normsdist}\left(\frac{\ln\frac{7151}{7500} + r - q - \frac{\sigma^2}{2}}{\sigma}\right)$$

（式 1）

ここで、normsdistおよびlnはMicrosoft Excelに存在する関数と同じものを用いている。つまり、式１の右辺はExcelを用いて簡単に、かつ、ほぼ誤差なく計算することができる。式１はいわゆるBlack-Scholes公式と呼ばれるものであり、Excelで確かめてもらえればわかるように計算結果はまさしく

$$V_0 = 624.51$$

となる。式１はしばしば「解析解」と呼ばれる[4]。

なお、Black-Scholes公式とBlack-Scholesフレームワークは同じ固有名詞の組合せが使われているが、まったく異なる概念であり、決して混同してはならない

②アプローチ２：モンテカルロ・シミュレーションで解く

問題１を素直に解釈し、「乱数発生器」で正規乱数ξをたとえば1000回発生させて、

$$e^{-r}\max\left(7151 \times e^{\left(r-q-\frac{\sigma^2}{2}\right)+\sigma\xi} - 7500\ ,\ 0\right)$$

に代入し、平均をとることでV_0が「近似的に」求まることが期待できる。乱数を1000サンプル発生させるだけだとこの方法＝モンテカルロ・シミュレーションの誤差はかなり大きいが、十分に大きなサンプル数をとることで誤差を小さくしていくことができる。

③アプローチ３：ツリー・格子モデルで解く

数学問題２のほうを解くことを選択したならば、「波の方程式」を解くい

4　このアプローチ１は計算機を必要とする数値的なアプローチと対極にあると理解されがちであるが、何もみずに紙と鉛筆だけで具体的な数値に落とすことができるわけではなく、広義の数値アプローチの１つであるとみなすことが自然であるし、本稿もそのような立場に立つ。

ろいろなテクニックが使える。その代表例がツリー・格子モデルである。

図表2－27　3項ツリーモデルによるオプション価値評価のイメージ（詳細は補論2）

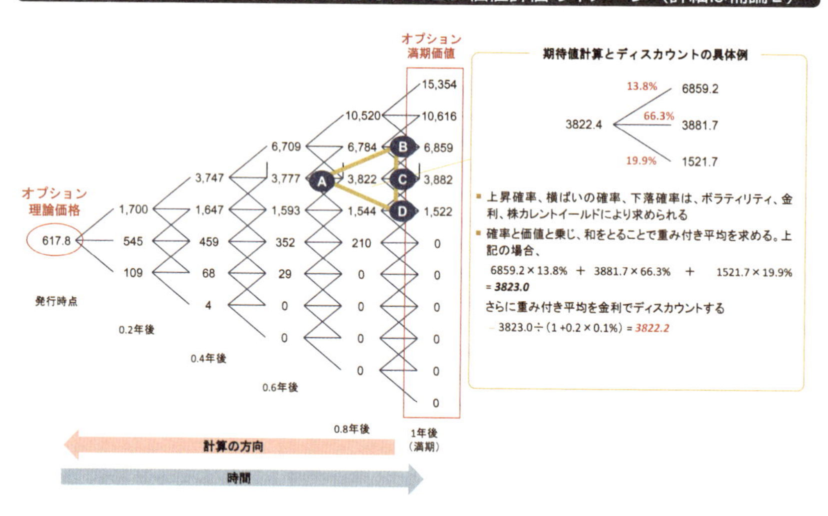

ツリー・格子モデルには後述するようにさまざまなバリエーションがあるが、以下ではどの流儀においてもおおむね当てはまる評価フローを概説する。より具体的な評価フローは補論2で詳説している。

ヨーロピアン・オプションのツリー・格子モデルによる評価の流れ

満期時点のみで選択権の行使可能なオプションをヨーロピアン・オプションという。ヨーロピアン・オプションのツリー・格子モデルによる評価は以下のように模式化できる。

図表２－28　ヨーロピアン・オプションのツリー・格子モデルによる評価の流れ

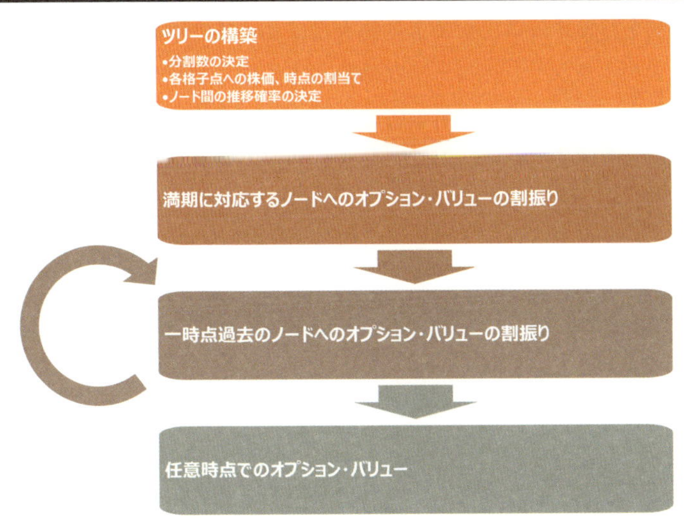

もっともヨーロピアン・オプションをツリー・格子モデルで解くのが最善であるようなケースはあまりない。

アメリカン・オプションの場合

満期だけではなく、それ以外の任意の時点で行使可能なオプションをアメリカン・オプションと呼ぶ。

図表２－29　投資家にいつでも意思決定の余地があるのがアメリカン・オプション

		ヨーロピアン	アメリカン
参照資産をあらかじめ決められた価格（行使価格）で	コール・オプション	一定期間後（満期）に買う権利	一定期間内の任意の時点で買う権利
	プット・オプション	一定期間後（満期）に売る権利	一定期間内の任意の時点で売る権利

アメリカン・オプションの保有者は権利を行使するにせよ、そのタイミングを決定する必要がある。権利行使タイミングの選び方次第でオプションか

ら得られるリターンおよびリスクは当然に変わってくる。「ベストなタイミングで権利を行使することができる保有者にとってのオプションの価値」をアメリカン・オプションのフェアな価値とすることが多くの場合に合理的であり、実務上もそのような方針で評価を行うことが基本である。このとき、評価時点から満期まで常に「いま行使するのが最適か？」を判定してあげる必要がある。

例として以下のアメリカン・オプションを考えてみよう（図表２－30）。

図表２－30 アメリカン・オプションの例

2017年10月１日から2018年10月１日までの 任意のタイミングでA社株を7500円で買える権利	⬅アメリカン・オプション

たとえば、2018年１月４日に上記のアメリカン・オプションを行使することがオプション保有者にとって合理的かどうかは、

●2018年１月５日以降に行使を先送りした場合のオプション価値

●即行使した場合に得られる価値

のどちらが大きいかで決まる。そして前者の価値を知るためには翌日2018年１月５日にオプションを行使することになるのか、それとももっと後まで待つのかどうかを知っている必要がある。

このような事情により、モンテカルロ・シミュレーションとアメリカン・オプションはとても相性が悪い。モンテカルロ・シミュレーションに分類されるような手法でアメリカン・オプションを評価可能なアプローチも開発されてはいるが、誤差も小さくなく、別の手法が適用可能であれば積極的にモンテカルロ型のアプローチを採用する理由はない。また例外的なケースを除いてアメリカン・オプションの理論価格を求める解析的な方法は存在しない。他方、ツリー・格子モデルにとってアメリカン・オプションであることは大きな障害にならない。以下、図表２－31に示すように、図表２－29のフローに

●各ノード上で早期行使が合理的かを評価し

●合理的な場合にノード上のオプションバリューをアップデートする

という処理を付け加えるだけでツリー・格子モデルをアメリカン・オプションに対応させることができる[5]。

図表２－31　アメリカン・オプションの評価フロー

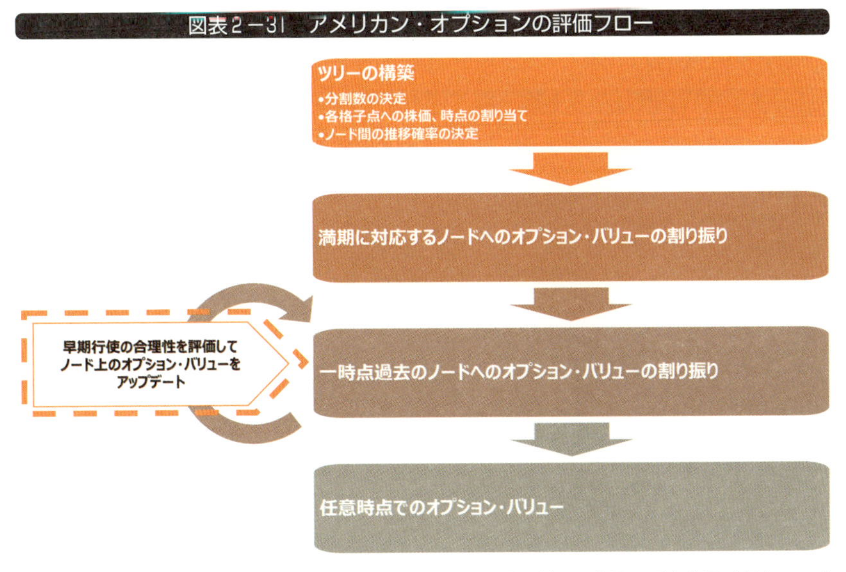

図表２－20のフローに破線で囲った処理を付け加えることでツリー・格子モデルをアメリカン・オプションに対応させることができる。

このような事情からアメリカン・オプションの場合、数値的なアプローチとしてツリー・格子モデルを選択するのが自然である。CB、転換型種類株式なども大抵は期中行使可能であるのでアメリカン・オプションに分類される。このため、CB、転換型種類株式の評価にもやはり通常はツリー・格子モデルが用いられる。

5　図表２－31のようには整理できない実装もあるが、本稿では触れない。

④「数学問題１＝数学問題２」の解法のまとめ

現実の問題が「ヨーロピアン・コール・オプションの理論価格を求めたい」という難易度が低いものであった場合、上記３つの数値アプローチすべてが選択肢となりうる。もう少し応用的な「現実における問題」が与えられた場合、実務上適用可能な数値アプローチの数は２つに限られたり、１つしかなかったりすることが多い。それぞれの得意不得意をまとめておこう。

図表２－32　数値的な解法とその特徴

アプローチ	特徴
解析解（Closed-form solution）	●Excelの１セルでExcelの関数のみ使って解くことができるような手法 ●「ヨーロピアン・コールやプット×Black-Scholesモデル」などきわめて限定的な状況でのみ可能
モンテカルロ・シミュレーション	●経路依存性（例：評価時点および３カ月前の株価に価値が依存）があるヨーロピアン・オプションの評価に向く ●アメリカン・オプションの評価には特殊な拡張（例：最小二乗モンテカルロ）が必要 ●ツリー・格子モデル（で扱える範囲では）のほうが精度/効率が良いことが多い
ツリー・格子モデル	●アメリカン・オプション（含むCB）の評価に向いている ●経路依存がある場合、「次元拡大」が必要 ⇨フレキシブルな次元拡大は技術的にそれほど平易でなく、常に実行されているかは疑問 ⇨本来は３次元程度まで拡大することは（計算時間を除けば）問題なくできるはずだが実装方法を金融工学の教科書から探してくるのは困難かもしれない

適切な数値的な解法は問題の種類によって異なる。

⑹ 「モンテカルロで解いた」と表明することの意味

「モンテカルロ・シミュレーションで解いた」、「ツリーモデルを用いた」というのは数学の試験問題であれば「紙と鉛筆で問題を解いた」のか「Excelを使って問題を解いた」のかの区別を表明しているにすぎない。したがって、

「モンテカルロ・シミュレーションで解いた」、「ツリーモデルを用いた」という表明自体は公正性の判断上大した情報量をもっていない。

多くのケースで「どのような数学問題を解いたのか」、つまり「数学問題として定式化する際にどのような仮定や近似がなされたか」が公正性の判断の最も重要なポイントである[6]。

⑺ 数値計算を正しく実行すること

とはいえ、もちろん正しく数学問題を定式化し、適切な解法を選択したとしても、非常に誤差の大きい設定でモデルを使っていた、とか、そもそもプログラムにバグがあって正しい計算をしていなかった、といった問題のチェックは必要である。ツリー・格子モデルを例にとり、正しくない計算結果をもたらす罠がどのようなものであるかを簡単に述べよう。

6　もっとも、「そもそもそのオプションのバリュエーションはその解法でしかできない」からその解法が選択されているだけ、という場合が大半である。そのため、数学問題の解法の選択からどのような数学問題への定式化が行われたかをある程度類推することができるケースも多い。

ツリー・格子モデル内のバリエーションとそれぞれのPros & Cons

最もシンプルで理解しやすそうなのが２項ツリーモデルである。

図表２－33　２項ツリーモデル

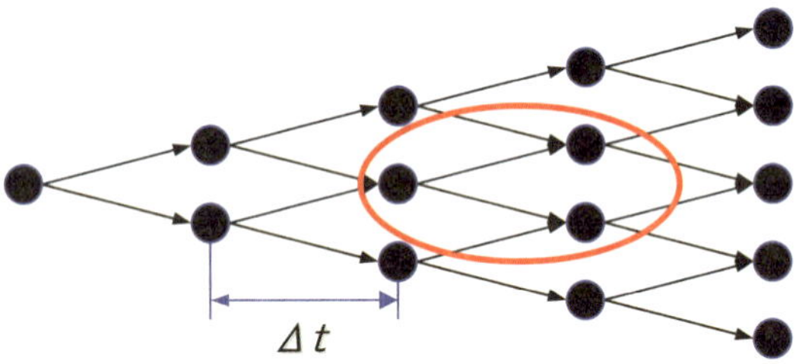

２項ツリーはフレキシビリティが低いなどの理由で実用的でない。

だが、２項ツリーモデルは教科書ではポピュラーであるものの実務上はフレキシビリティが低く絶望的に使いづらい。

「数学問題２」の数値解法としてのツリー・格子モデルのポピュラーな実装としては図表２－34のようなものがある。

図表２－34　数学問題②の解法バリエーション

7　Cranck-Nicolson法はADI法などとも呼ばれる。①、②を組み合わせたようなモデルである。

解法②および③は３角形の「ツリー」ではなく長方形の「格子」を用いる。解法①も長方形の格子を用いてもよいのだが、最終結果に影響を与えないノードをトリミングすることで、図表２－27で例として用いた３項ツリーにすることができる。そのようなトリミングは計算結果を変えないので、解法①は実質的に３項ツリーと同一視できる。この「解法①＝陽的解法＝３項モデル」は実務的にも比較的よく使われているモデルであり、２項ツリーモデルよりはフレキシブルなモデルであるが、以下の理由から最良の選択ではない。

- 分割数やツリーの張り方を注意深く選ばないと数値的な安定性が保証されない。すなわち、時間ステップを過去に向かって進むごとに誤差が増大していき、とんでもない値を返す、といった可能性を否定できない。したがって、安定性が保証されるような設定で使うことを常に気にする必要がある。幸い、どういう設定であれば安全かは知られている。気にしないでもたまたま望ましい動作をすることが多いと思われるが、それはラッキーだっただけである。したがって汎用モデルとして用いる場合はとりわけ取扱いに注意を要する。
- ツリーの分割数を細かくしていったときの真の値への収束が最速ではない（もっと速いモデルが存在する）。

これに対して、解法②、③の最大の利点は常に数値的に安定していることである。つまり、３項ツリーの場合であれば常に気にしなくてはいけない「変な設定をするととんでもない値を返すことがある」という心配から完全に解放される。また、解法③は、スムーズな将来価値の割引に用いている限り、精度も３項ツリーより高く、同じ計算時間をかけるならば３項ツリーよりも精度の良いアウトプットを返す。ただし、コール・オプションの満期価値のようにスムーズでない（角がある）将来価値に解法③を適用するとアウトプットが振動することが指摘されているので、満期価値の割引のところだけ解法②を用いて、その後、解法③に引き継ぐ、といったハイブリッド型のモデルを用いることも合理的と考えられる。なお、合理的な数値解法を選択してもどの程度数値誤差が発生しうるかの例を補論3であげている。

このように数値計算の実行自体も誰に計算させても正しい答えが返ってくることを無邪気に期待できるほど単純なものではない。とはいえ、注意深く設定し、「無限に長い計算時間をかけて評価する限り、どの数値解法も同じ答えを返す」（数理工学の文脈では、この性質はコンシステンシーと呼ばれる）ことにも言及しておくのがフェアであろう。

図表2－35　代表的なツリー・格子モデルとそのPros & Cons

代表的数値解法	①陽的解法＝３項ツリーモデル	②陰的解法	③Crank–Nicolson法
数値的な安定性	△	◎	◎
現実的な計算時間での精度	○	○	◎
滑らかでない将来価値への対応	△	◎	△

BSフレームワークを受け入れるべき（よく知られているのとそうでもないかもしれない）2通りの根拠

なぜ、オプションのフェアな価格を知りたい、という問題が前述の数学問題1だったり数学問題2だったりに翻訳されるのだろうか？　実は、このような現実の問題から数学問題への変換、翻訳を正当化するロジックは2通り存在し、その

2つのジャスティフィケーションそれぞれが現実社会におけるフェアネスを議論するうえで異なったインプリケーションをもつ。

詳しくみていこう。

(1) ジャスティフィケーション①：BS理論価格はデルタヘッジによる裁定取引の余地を与えない

数学問題1または2を解いて得られる理論価格からオプションの市場価格が乖離した場合、100％の確率で収益を得られるような取引戦略を具体的に構成できる。

というのがこのロジックの要旨である。このような、必ず正の収益を得られるような投資戦略のことを裁定取引と呼ぶ。この取引戦略は、オプション価格が理論価格を下回っていればオプションを購入、オプション価格が理論価格を上回っていればオプションを売却したのち、デルタヘッジと呼ばれる連続的なヘッジ・オペレーションを行うことで実現できる。

図表２－36　確率100％で収益を得ることができる戦略

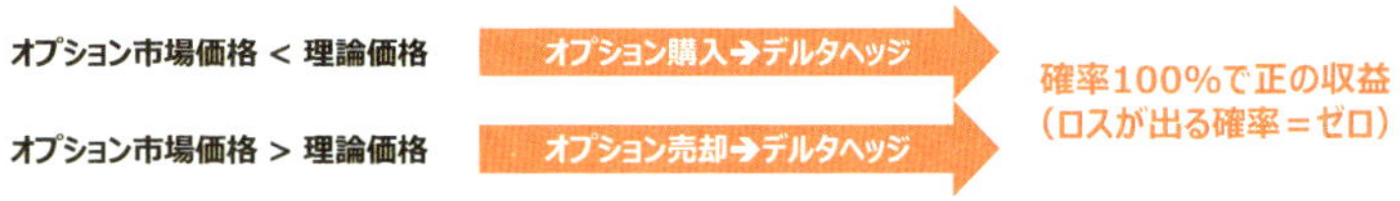

オプション市場価格 < 理論価格 → オプション購入➔デルタヘッジ

オプション市場価格 > 理論価格 → オプション売却➔デルタヘッジ

確率100％で正の収益
（ロスが出る確率＝ゼロ）

デルタヘッジが行える市場環境では、市場価格が理論価格より低ければオプション需要が増大し、結果的にオプション市場価格は上昇するだろう。逆に市場価格が理論価格より高ければオプション供給の増大を通じてオプション市場価格は下落するので、均衡点においては、市場価格は理論価格と一致するはずである。

図表２－37　デルタヘッジを行うことができる場合

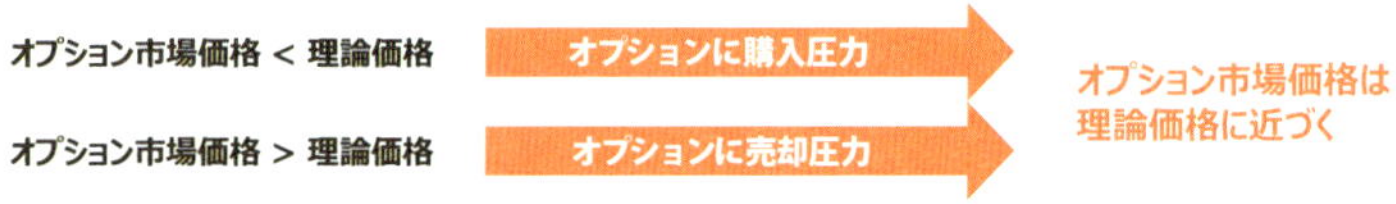

オプション市場価格 < 理論価格 → オプションに購入圧力

オプション市場価格 > 理論価格 → オプションに売却圧力

オプション市場価格は
理論価格に近づく

参照資産を機動的にショートできる市場にはオプション理論価格から大きく乖離しないメカニズムが内在。

デルタヘッジについて

以下、このジャスティフィケーション①の要となるデルタヘッジを概説する。たとえば、ここまで述べてきたコール・オプションは図表２－38に示す価格特性をもつ。

図表２－38　株価が変化した場合のオプション理論価格の変化

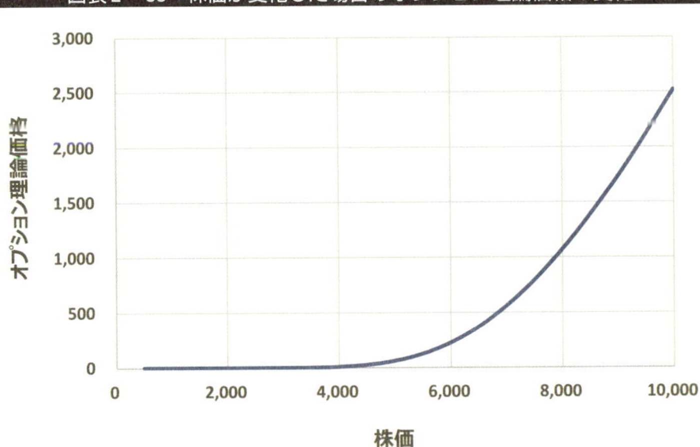

特に株価7,151円近辺の領域で図表２－39のようになり、株価が1円増加するごとにオプション理論価格は0.45円上昇することがわかる。この0.45をデルタと呼ぶ。数学的な言い方をすれば、デルタはオプション理論価格の株価に関する１階の偏微分である。

図表２－39　株価7,151円近辺でのオプション理論価格の振る舞いとデルタ

株価	7149	7150	7151	7152	7153
オプション理論価格	623.60	624.06	624.51	624.96	625.41
株価が１円上昇した時のオプション理論価格の増加＝デルタ	0.45	0.45	0.45	0.45	0.45

株価１円上昇時にオプション価格は0.45円増加する。このとき「デルタは0.45」と表現する。

オプション投資家は株価が１円上昇すると0.45円の利益が出るが、株価が１円下落すると0.45円の損失を被る。そこで株をマイナス0.45単位保有する（＝0.45単位ショートする）と上記のオプションからの損益が相殺されることがわかる。

図表2－40　デルタ分だけ株をショートした場合

株価	7149	7150	7151	7152	7153
オプション保有価値	623.6	624.1	624.5	625.6	625.4
株保有価値	−3,217.1	−3,217.5	−3,218.0	−3,218.4	−3,218.9
保有価値合計	**−2,593.4**	**−2,593.4**	**−2,593.4**	**−2,593.4**	**−2,593.4**

⇦株価変動のもとで損益が発生しない

デルタ分だけ株をショートすれば保有価値は株価によらなくなる。

このような投資手法をデルタヘッジという。デルタは株価水準や時間の経過によって変化する。

図表2－41　デルタは株価やさまざまなファクターにより変化する

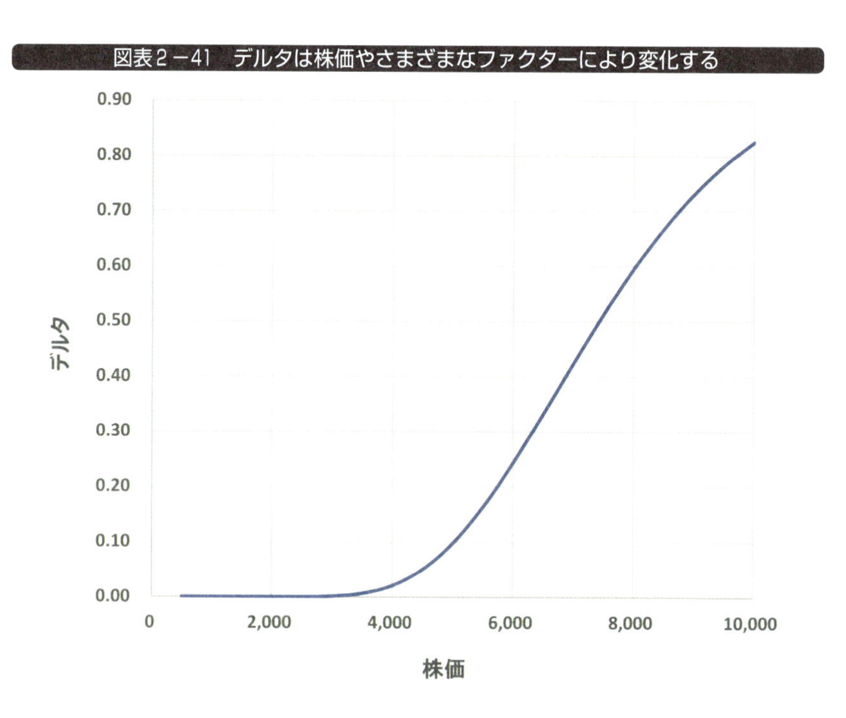

したがって、状況に応じてショートする株数の調整が必要である。ちなみに、デルタヘッジするコール・オプション[8]投資家の投資行動は逆張り的な売買パターンとなる。

図表２－42　コール・オプションやCB保有者のデルタヘッジは基本的に逆張り的

BS理論は「オプションをいくらで購入し、以降どの株価のときにどのくらい株をショートすればよいか」というデルタヘッジ戦略の具体的な処方箋を与える。

理論と現実

このようにミスプライスがあったときの裁定取引を行う具体的な手続が確立しているため、理論価格からの著しい乖離は実際の市場においても是正される可能性が高い。「確率100％で正の収益を得ることができる戦略」は、現実の市場では厳密には成り立たないが、市場価格がBS理論価格から大きく乖離した場合、現実の市場でもデルタヘッジを通じてきわめて高い確率で収益を得ることができる。このためにBS理論から導かれる理論価格からの大幅な乖離は是正されるメカニズムが市場に存在するといえる。これこそが、実世界においてBS理論がこれほど使われるようになった大きな理由であると考えられる。

何かをショートするということ

ショートするというのは価格の下落で益が出るようなポジションを構成することである。借りてきて売り払ってしまえば何でもショートすることはできる。たとえば、ノーベル文学賞発表直後にカズオ・イシグロの『わたしを離さないで』を友だちから借りてきてブックオフにもっていくと、500円くらいで売れるかもしれない。３カ月後にブックオフから別の『わたしを離さないで』を100円で買ってきて友だちに返せば、『わたしを離さないで』価格

8　プレーンなCBの場合も同様。

の下落によって差引き400円の益を得ることができるだろう[9]。

(2) ジャスティフィケーション②：BS理論価格はリスクに見合ったリターンを実現する

表題が示すとおり、実は、数学問題1または2を解いて得られるBS理論価格での金融商品の売買がリスクに見合ったリターンを提供し、その意味で非常にフェアな価格であることも示すことができる。

図表2－43　2つ目のロジックのエッセンス

図表2－43にも模式化したこのBS理論価格の特性は「図表2－22の現実の問題から数学問題1、2へ」といった数学問題としての定式化の合理性を、ジャスティフィケーション①とは独立に、主張するものと理解できる。

ヘッジできなくてもBS理論の正当性は損なわれない

ジャスティフィケーション①同様にBlack-Scholes原論文にちゃんと書いてあるにもかかわらず、このジャスティフィケーション②は相対的に知名度が低いように思われる。そのためか、

「BS理論はヘッジできないと理論的根拠がなくなる」というようなことが一部で信じられている。

しかし、ジャスティフィケーション②のおかげで、ヘッジができない場合

9　ただし、「貸した本と違うんだけど……」といわれないように、最初に借りてくるときに消費貸借契約を結んでおかなければならない。

であってもBS 理論から導かれる評価は

➢通常のファイナンス理論（たとえば、CAPM やDCF）と整合的で

➢リスクに対して合理的なリターンを実現するフェアな評価

である、という主張をすることができる。

図表2－44　ヘッジできなくてもBS理論に基づく理論価格には合理性がある

満期におけるオプション価値（株価依存） → リスクを考慮した適切な割引率でディスカウント → 評価時点におけるオプション価値

手の込んだ計算が必要？

ただし、通常のファイナンス理論と整合的、といっても相違点はいろいろある。実務上用いられるCAPMでは割引率は定数だったり、せいぜい時間依存するだけだったりする（そういう近似の仕方をする）のに対して、ジャスティフィケーション②では、図表2－45のような手の込んだ割引率を想定する。

図表2－45　オプション価格のボラティリティと割引率

「オプション価値のボラティリティ」が高い株価領域	➡	高い割引率を適用
「オプション価値のボラティリティ」が高い株価領域	➡	低い割引率を適用

オプション価値のボラティリティであって株価ボラティリティでないことに注意！

このような前提だけを出発点に、前節の議論も忘れてオプションの価値を具体的に評価してみよう。素朴に考えれば、以降の「愚直な解き方」のようなかなり手の込んだ計算フローが必要にも思える。しかし、「実は最終結果はリスクプレミアムに依存しない」という性質を利用して、計算フローを単純化することができる。

①コンセプトに忠実で愚直な解き方

たとえば、ツリー・モデルのノードごとに異なる株価期待成長率、オプション割引率を用いることが考えられる。

図表２－46　愚直に解くためのセットアップ

	適用すべき数値	意味合い
株価の期待成長率	無リスク金利 ＋株価の対市場ベータ ×市場リスクプレミアム －株カレントイールド	CAPM的な意味でリスクに見合った期待成長率
オプションの割引率	無リスク金利 ＋オプション価値の対市場ベータ ×市場リスクプレミアム	CAPM的な意味でリスクに見合っており、かつ上記の株価の期待成長率と整合的な割引率

ただし、「ツリー上各ノードで異なる割引率を用いるような計算手法」は数値誤差も大きくなりがちで、誤差を小さくするためには相応の計算コストが必要となる。

②愚直に解いてみても実は結果はリスクプレミアムによらない！

また、CAPMやDCFでもそうだったように合理的な市場リスクプレミアムというのは誰が計算しても同じ、というわけではなく一意に定めるのはなかなかむずかしい。利害関係が相反する当事者間での合意を得ようと思えばとりわけであろう。そこで市場リスクプレミアムに4%、5%、6%……とレンジをもたせてオプションを評価してみたとする。すると驚くべきことに①の方針で求めたオプション評価は市場リスクプレミアムによらないことがわかる。

図表２－47　想定市場リスクプレミアムごとのオプション評価値

想定する市場リスクプレミアム	4%	5%	6%	7%
オプション評価	624.51円	624.51円	624.51円	624.51円

オプション評価価格は想定する市場リスクプレミアムによらない！

なぜこのような不思議なことが起こるのかは後に詳しく述べるが、大まかにいって以下のような構図が成り立っている。

図表2－48　なぜリスクプレミアムによらないかの直感的な説明

想定する市場リスクプレミアム	小さい	大きい
(1)株価の期待成長率	小さい	大きい
(2)満期におけるオプション価値の期待値	小さい	大きい
(3)オプション価値の満期からの割引率	小さい	大きい
評価時点におけるオプション価値	(2)と(3)が相殺して想定市場リスクプレミアムによらない	

③スマートな解き方＝実務でわれわれが目にする解き方

なぜそんなことになるかの追及はいったん忘れて、

- 市場リスクプレミアムについての合意がなくてもオプション価値に関しては合意しうること
- 市場リスクプレミアムを0と置いても正しい答えが得られること

を認めてしまおう。そうであるならば市場リスクプレミアムを0と置いて計算するのが断然、楽で便利だ。市場リスクプレミアムが0であれば割引率を適宜変える必要がない。これは計算上の大きなメリットになる。

- リスクプレミアムが0と仮定すれば、たとえばヨーロピアン・コール・オプションに対する「解析解」も見通しよく求めることができる。他方、0以外のリスクプレミアムからダイレクトに（すなわち「オプション価値はリスクプレミアムによらないから」という議論を経由せずに）同じ解析解を求めることは容易ではない。
- リスクプレミアムが0でないと仮定したとき問題になる数値誤差も軽減できる。

このため、実務上はほぼ100%、リスクプレミアムを0と置いてオプション評価をすること、すなわち「リスク中立プライシング」を行うことになる。前節のツリーによる評価フローもその一例である。というよりも上記のような理論は知らない、あるいはすっかり忘れてしまっていても実務上はあまり問題ないので「何も考えずに」リスク中立プライシングを行っているケースが大半であろう。しかし、

実務フロー上リスクプレミアムを議論する必要がないだけで、理論自体はリスクプレミアムを与えて評価するCAPMやDCFと整合的につくられている

のである。

(3) なぜ、最終結果は期待成長率にはよらないのか？ どうしてボラティリティには依存するのか？

BSフレームワークに従う、と決めたからといって、「世の中の投資家がリスクプレミアムを要求しない」という非現実な前提でオプション価格を評価しているわけではない。しかし、上述のように、オプション評価においてはリスクプレミアムを特定する必要すらない。このことは、リスクプレミアムがたとえばDCFによる株式価値評価を大きく左右することと対比すると、オプション評価の顕著な特徴にも思える。

ただ、振り返れば株式価値評価においてもマルチプル法によるのであればリスクプレミアムの明示的な取扱いは不要であった。マルチプル法は「X社の株価バリュエーションと平仄のとれたY社株の価値は・・」といったロジックであり、たとえばX社株価が直感的にはどう考えても割高かもしれないといったことがあっても、そこは問題にしないことにすればリスクプレミアムも気にしなくてよかったのであった。

厳密さをとりあえず放棄して直感的な言い方をしてしまうと、オプション評価も同様の理由でリスクプレミアムの議論を回避していると考えることができる。ただし、オプション評価の場合は、「A社の株価」と「A社株オプ

ション」という単一企業（単一リスクファクター）内での相対バリュエーションであるがために、その整合性をとことんまで突き詰めないと裁定取引の余地が残ってしまう（他方、A社とB社の株にマルチプル法の観点からは整合性のない値付けがされていたとしても確率1で収益を得られるような取引戦略は構成できない)。裁定取引の余地を残さない精緻な相対バリュエーションを追及する過程でボラティリティという概念が重要になってくる。すなわち、(DCFでは言及もされない）ボラティリティというパラメータの具体的な数値の選択がオプション評価結果を大きく左右することになるのである。

本セクションでは「なぜ、最終結果は市場の要求するリスクプレミアム、ひいては株価の期待成長率によらないのか？」「なぜ、ボラティリティには依存するのか？」を(1)で述べた1つ目のジャスティフィケーションを通じて少し丁寧に紹介する。かなりマニアックな議論になるので特段興味がなければスキップしても問題ない。

リアル・ワールドとパラレル・ワールド

①リアル・ワールドP

特定の個別企業（以下、A社）を想定しよう。BSフレームワークでは「(現実の世界でのA社の）株価は幾何ブラウン運動に従う」という前提を置く。「幾何ブラウン運動としての株価変動」はドリフトおよびボラティリティの2パラメータで指定・特定することができる。

図表2－49　株価の振る舞いを特徴づけるパラメータ

ドリフト	年率期待成長率
ボラティリティ	年率リターンの標準偏差

BSフレームワークでは現実世界の市場リスクプレミアムについて特に制限を課さない。市場リスクプレミアムが株価のドリフトを決定するので、現実世界の株価ドリフトに関しても特に制約を課さないということになる。

市場リスクプレミアムが高い世界は、株価がディープ・ディスカウントされているために逆に高い将来の株価上昇が望める世界である。したがって、非常に高いリスクプレミアムを要求する市場ではA社の株価はたとえば図表２－50のような推移をするだろう。

図表２－50　市場リスクプレミアムが非常に高い前提を置いた場合の株価の推移例

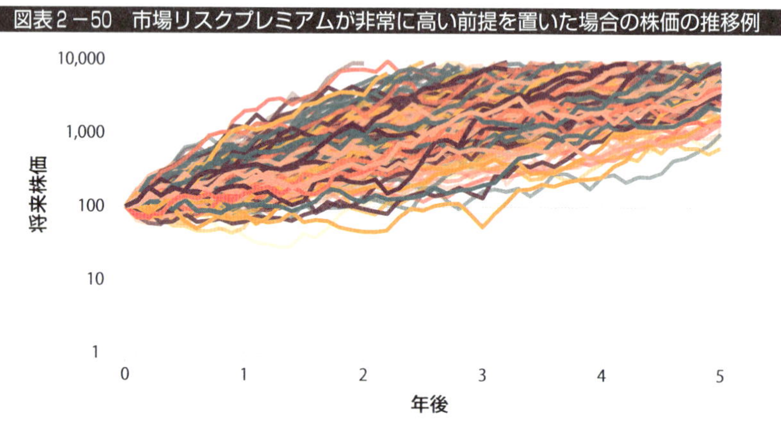

このような前提のもとでもBSフレームワークは正当化可能であるし、現実的な市場リスクプレミアムを前提とした場合と完全に同じ結果を返す。

逆に図表２－51のようにA社の株価リターンが平均的に負であるような状況も現実に存在しうるだろう。

現実の世界は図表２－50のような世界である、と想定してもよいし、図表２－51のような世界であると想定してもかまわない。このような現実の世界に（後述のパラレル・ワールドと区別するために）Pという記号を割り当てておこう。Pにおける期待株価上昇率によらずBSフレームワークが完全に正しくワークすることを確認していこう。

図表２－51　株価の期待成長率がマイナス50%であるような世界

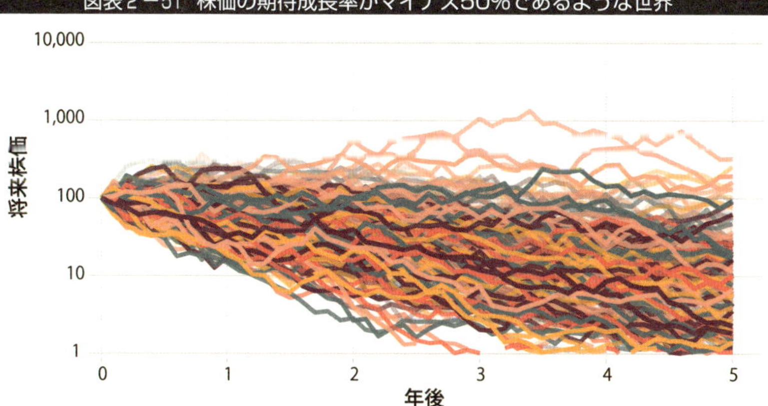

②ボラティリティは現実世界と変わらないパラレル・ワールドQ

というわけで現実の世界（P）では、A社の株価期待成長率はプラス100％だったりマイナス50%だったりする。それに対して、仮想的に、

ボラティリティは現実世界Pと変わらないが、その期待成長率は銀行預金の利率と同じ

であるようなパラレル・ワールド（Qとあらわす）を想定しよう。

図表２－52　リスクをとっても期待リターンが変わらない仮想世界Q

想定：
Qの世界では不確実性の高い資産（株）でもそうでもない資産（銀行預金）でも平均的なリターンはまったく変わらない

Qの世界は、

A社株と銀行預金をどのように組み合わせても、その期待リターンはまったく変化せず、銀行預金と変わらない

という、リスクをとることが報われない世界である。当然、Qの世界では、資産構成（ポートフォリオ）をどう工夫しても平均的には銀行預金と同じリターンしか得られない。これを数式にすると以下のように表現される。

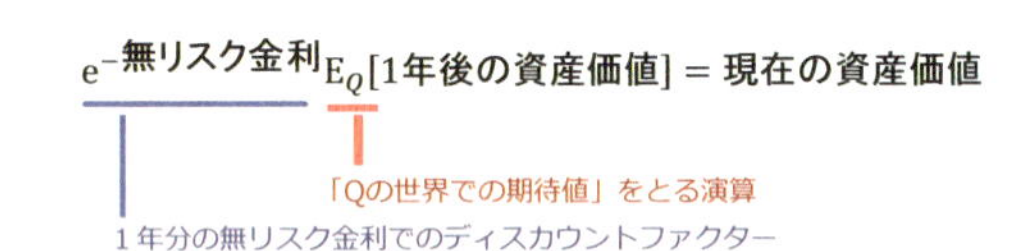

このように、Qの世界での期待値などにもQという文字をつけて区別することにする。

パラレル・ワールドQにおけるオプション評価

実は、Qの世界では2018年10月1日を満期とするストライク7,500円のコール・オプションの満期時価値を以下の要請を満たす「あるポートフォリオ」で完全コピーできる。

図表2－53　複製ポートフォリオに課されている条件

株と銀行預金の組合せ（ただし、組合せは適宜変更する）	組替えの際には外部との資金の出し入れを行わない（株を買うときはポートフォリオ内の銀行預金から引き出す）

このような完全コピーを達成するポートフォリオを複製ポートフォリオと呼ぶ。ここでは複製ポートフォリオの存在はとりあえず認めてしまおう（後で検証する）。すると、Qの世界では「どのようなポートフォリオであったとしても平均的には無リスク金利で成長する」ので、以下の等式が成り立つ。

オプションの2018年10月における価値の期待値＝（複製ポートフォリオの2018年10月における価値）の期待値

＝（2017年10月に複製ポートフォリオを組むのに必要な金額）を銀行に預けて1年後に得られる額

（式2）

最左辺と最右辺を比べると

$$\left(\begin{array}{c}\text{2017年10月に複製ポートフォリオを}\\ \text{組むのに必要な金額}\end{array}\right)=\left(\begin{array}{c}\text{オプションの2018年10月における価値の期待値を}\\ \text{預金金利で１年分ディスカウントしたもの}\end{array}\right)$$

（式３）

が成り立つことがわかる[10]。この式の右辺は簡単に評価できる。そのため、「複製ポートフォリオをいま（=2017年10月１日）組むのに必要な金額」は当該ポートフォリオの構築方法すら知らなくても算出できる。

①Qの世界での具体的なオプション評価（例）

具体的な例をあげよう。前節までと同じ設定を用い、現在（2017/10/1）の株価は7,151円、株価ボラティリティ30%、株カレントイールドは2.6%などとする。

図表２－54　前節までと同じ設定

パラメータ	数値	パラメータの呼び名
無リスク金利	0.001	r
ボラティリティ	0.3	σ
株カレントイールド	0.026	q
2017年10月１日時点での株価	7,151	

前節までと同じ例を用いる。

現時点から１年後＝2018年10月１日における株価は「平均０、標準偏差１」の正規乱数ξを使って以下のように書くことができる。

$$2018\text{年}10\text{月}1\text{日における株価}=7151\times e^{\left(r-q-\frac{\sigma^2}{2}\right)+\sigma\xi}$$

この株価の期待値は以下のように評価される。

$$2018\text{年}10\text{月}1\text{日における株価の期待値}=7151\times e^{r-q}$$

10　Qの世界で以外では、式２の２つ目の等式が成り立たなくなるため、式３の等式も成り立たない。

このとき、配当および貸株フィー込みのリターンは

$$2018\text{年}10\text{月}1\text{日における株式価値（配当込み）期待値} = 7151 \times e^{r}$$

であるので、ちゃんと無リスク金利になっている。式３をこの例に当てはめると以下のようになる。

$$\textit{現時点 2017 年 10 月 1 日の複製ポートフォリオの価値}$$
$$= \max\left(7151 \times e^{\left(r - q - \frac{\sigma^2}{2}\right) + \sigma\xi} - 7500, 0\right) \textit{の期待値} \times e^{-r}$$

右辺の表現は「数学問題１」の設問とまったく同じである。つまり、Qの世界の現実問題を数学問題１に置き換えることができた！

ただし、議論にはまだ抜けがある……

②複製ポートフォリオの存在について

１年後に満期を迎えるコール・オプションを渡されて、株を売り買いしてよいから株価が100円になろうが１万円になろうが財布に残る金額が変わらないようなポジションを組めといわれても普通は途方に暮れるだろう。ただし、渡されたのが満期直前であって、株価が7,400円になるか7,600円になるかの２通りしかないとわかっていたらどうだろうか？

図表２－55　複製ポートフォリオが直感的にも明らかそうな例

満期における株価	オプションの満期価値
7400円	0円
7600円	100円

株価が200円の範囲でぶれるのに対して、オプション価値は100円しかぶれない。したがって、以下のポートフォリオでオプション価値を再現できそうだ。

図表２－56　図表２－55に対応する複製ポートフォリオ

満期における株価	現金3700円ショート	株0.5単位ロング	満期価値の合計
7400円	満期価値=－3700円	満期価値=3700円	**0円**
7600円	満期価値=－3700円	満期価値=3800円	**100円**

オプションとマイナス0.5株を組み合わせると図表２－55と同じ満期価値を実現できる。

このように一瞬一瞬では複製ポートフォリオを思い浮かべるのはそれほど困難ではないだろう。結局は１年も一瞬の積み重ねであるので、満期まで１年という元の問題に戻っても同じことを繰り返すことで財布に残る金額が変わらないようなオペレーションを行うことができる。

ただし、実は上記の例で満期における株価の可能性が３通り以上あると、この理屈は途端に破綻する。幸い株価が幾何ブラウン運動をするような世界は３項モデルよりは２項ツリーモデルに似ている。すなわち、将来が２通りしかない世界の時間・株価方向の間隔を０にもっていった極限のような世界であり、２項ツリーモデルと同じように複製が可能な世界であることが知られている[11]。この事実はマルチンゲール表現定理という数学の定理として知られている。

図表２－57　複製ポートフォリオが存在する世界・存在しない世界

	一定期間の△の間に 株価がX%上がるか 下がるかの ２通りしかない世界 （２項ツリーワールド）	一定時間△の間に 株価がX%上がるか 下がるか変化しないかの ３パターンある世界 （３項ツリーワールド）	株価が幾何ブラウン運動 に従う世界
オプションに株を組み合 わせてリターンが株価に よらないようにできる？	○	×	○

連続極限でも複製ポートフォリオが存在する（マルチンゲール表現定理）。

11　最初に「幾何ブラウン運動に従う」という前提条件を置いたおかげである。

ここまででわかったことをまとめる（図表2－58）。

図表2－58　ここまでに示せたことのまとめ（ただし、Qの世界限定）

コール・オプションを「株と銀行預金のポートフォリオ」（**複製ポートフォリオ**）で完全コピーできること	2015年10月1日時点で複製ポートフォリオを組むのに何円必要か **➡計算すると624.51円**

③（少なくともQの世界では間違いなく通用する）必勝戦略＝デルタヘッジ戦略

Qの世界では2017年10月1日にオプションが624.51円以外で売買されていた場合、100％の確率でプラスの収益を実現できる。すなわち、必勝戦略（アービトラージ・チャンス）が存在する。具体的には図表2－59のようにすれば、必ず勝てる。

図表2－59　Qの世界での必勝戦略（例）

ケース	確立1での収益を得るための取引手法	時点	損益
オプションが650円で売買されていた	①複製ポートフォリオを購入＋オプション売却	2017/10/1	**＋25.49円**
	➡②複製ポートフォリオのリバランシング（＝デルタヘッジ）	2017/10/1～2018/10/1	±0円
	➡③複製ポートフォリオとオプション満期キャッシュフローを相殺	2018/10/1	±0円
オプションが600円で売買されていた	①複製ポートフォリオを売却＋オプション購入	2017/10/1	**＋24.51円**
	➡②リバランシング	2017/10/1～2018/10/1	±0円
	➡③複製ポートフォリオとオプション満期キャッシュフローを相殺	2018/10/1	±0円

したがって、Qの世界にこの戦略を知っている住民がいるならば、オプション価格は624.51円に収斂するだろう。

パラレル・ワールドQで有効な投資戦略はリアル・ワールドPで通用するか？

①パラレル・ワールドQでの必勝法であるデルタヘッジ戦略は実世界でも問題なく通用する

ここまで、パラレル・ワールドQでBS理論から導かれるオプション理論価格がなぜ正しいといえるのかを説明した。パラレル・ワールドQではこの理論価格から乖離した価格でオプションの売買をする機会があれば、確率100%で勝てる必勝戦略があることがその理由であった。さて、われわれの住む現実世界Pにパラレル・ワールドQでの必勝戦略を手にQのデルタヘッジ投資家ガンマ氏が降り立ったとしよう。そして彼が素直に自分の信じる必勝戦略をPの世界でも実践したら結果はどうなるだろうか？　実は彼の戦略はPの世界でもまったく問題なく通用し、Pの世界でも負けを知らない投資家として活躍できる。なぜか？　実は、われわれのいる世界Pとパラレル・ワールドQではイベント発生確率は異なるが、起こりうるイベントのレパートリーは共通なのである。

図表２－60　起こりうる事態のプール自体は共有されている２つの世界

Qの世界で起こりうることはPの世界でも起こりうる
Pの世界で起こりうることはQの世界でも起こりうる

← このようなとき、「PはQと同値な測度」という

とすると何が起こるか？　「Pでの必勝法はQでも必勝法」だし、「Qでの必勝法はPでも必勝法」という構図が成り立つことになるのである。

図表２－61　Qで必勝法ならPでも必勝法。Pで必勝法ならQでも必勝法

Qの世界で起こりうることはPの世界でも起こりうる
Pの世界で起こりうることはQの世界でも起こりうる

Qの世界での必勝法　＝　Pの世界での必勝法

Qの世界でコール・オプション価格を624.51円に収斂させていたのは「それ以外の価格で取引されていた場合」の必勝戦略の存在であった。ということは必勝戦略をシェアするPの世界でも同じコール・オプションの価格は624.51円に収斂すべきということになる。つまり、パラレル・ワールドQにおけるプライシングをPの世界の住民であるわれわれも受け入れなければならないのである。

図表2－62　同値な世界の間でのみ必勝戦略は共有される

二つの確率速度が同値とは？	[大雑把なイメージ] • 想定されるシナリオ（株価経路・path）自体は同じ • 想定する実現確率だけ異なる

②パラレル・ワールドQでのすご腕統計アーブ投資家の実世界での末路はなんともいえない

さて、パラレル・ワールドQにもう一人著名な投資家アルファ氏がいたとしよう。彼は投資家ガンマ氏と違ってデルタヘッジ投資家ではないので確率100％でポジティブな収益を得られる、というわけではないものの日々の勝率7割を誇り、そのため長期的にはほぼ確実に正の収益を得ることができる。投資家アルファ氏もやはりPの世界に自らの戦略を試しにきたとしよう。彼の場合は成功するかどうかは理論上なんともいえない。なぜならば、

Qの世界での必勝法 = Pの世界での必勝法

であるが、

Qの世界で確率70％で勝てる戦略 ≠ Pの世界で確率70％で勝てる戦略

であるからである。つまりQの世界の話をPにもっていってよいのは必勝戦略のみだったのである。

③２つの世界で起きうるイベントのプールは変わらない、といえる場合といえない場合

上述の投資家ガンマ氏の戦略が世界Pでも使い回せたのは起こりうる事態のプールが２つの世界PとQの間で一致していたおかげだった。起こりうる事態のプールの一致、不一致というのはイメージしづらいと思われるので、いくつか例をあげてみたい。

詰将棋

以下の先手（手前）が王手をかけた将棋の局面では、次に後手が玉をどこに動かそうが、先手は玉を取ることができる。

図表２－63　想定する局面。先手（手前）が王手をかけたので後手は玉を逃がさなければいけないが・・

	玉		
	金		
	歩		

後手が攻撃的で図表２－64のような確率で玉を動かしてこようが、

図表２－64　攻撃的な後手が次の手に選択する確率

5％	玉	5％	
5％	80%	5％	

逃げ腰な性格で

図表２－65　逃げ腰な後手が次の手に選択する確率

1％	玉	96％	
1％	1％	1％	

図表２－65のような確率であろうが、先手は確実に後手の玉をとることができる。つまりこの状況では後手は詰んでいる。すなわち、先手には必勝法が存在し、それは後手の選ぶ手の傾向にはよらない。しかし、玉がジャンプできるような、たとえば図表２－66のような範囲で後手が対応可能な状況では話が異なってくる。

図表２－66　ジャンプが許されることになった後手の選択

1％	玉	1％	90％
1％	1％	1％	1％
1％	1％	1％	1％

すると、図表２－63の局面で先手に必勝戦略が存在するかは（先手の手駒など次第であり）何ともいえなくなる。すなわち、起こりうる事態のセット（後

手の選択肢）が変わらない限り必勝戦略の使いまわしが効くが、起こりうる事態のセットが変更されると必勝戦略が必勝戦略でなくなることがある。

4項ワールドでの例

もう少し本稿の議論に近い例として、

未来は常に4通りのなかから選ばれる

ような4項ツリーワールドを考えてみよう。

図表2－68のQとRは4項ワールドの2つの具現化であるが、「明日実現する可能性のある株価」がQとRで異なる。たとえば、Rの世界では明日株価が106円になる可能性があるが、Qの世界では決して106円にはならない。したがって、Qの世界での必勝法があったとしても、株価が106円になることを想定していないため、その必勝法がRの世界でも通用するとは限らない。

図表2－67　4項ツリーワールド

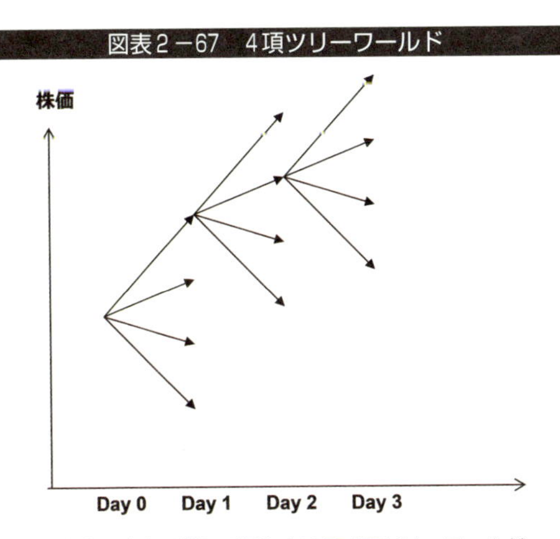

一歩先の未来は常に4通りという4項ツリーワールド

図表２－68　必勝法の使い回しがきかない例

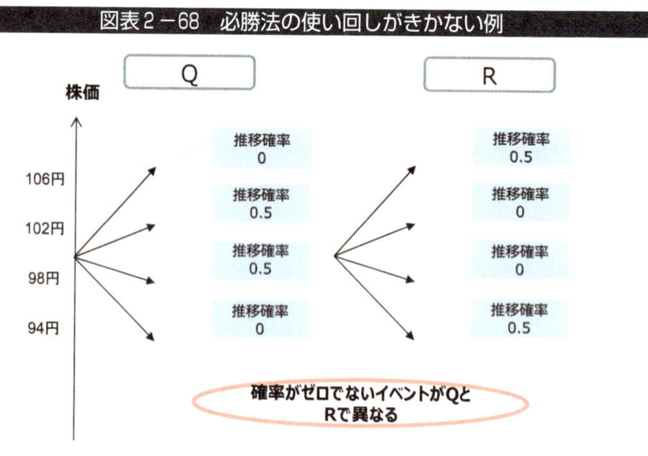

Qの世界とRの世界では必勝法は一致しない

詰将棋でもなければ、４項ワールドでもなく、無限どおりの可能性が一瞬先にすら待ち構えているのが現実の世界であるが、やはり「起こりうる将来のセットが異なる世界での必勝法」を信じてはいけない。具体的にはどのようなことに気をつければいいだろうか？

④どうして最終結果はボラティリティには依存するのか？

上記のツリーの例のような場合、起こりうるイベントのセットが異なる、ということの直感的な理解は必ずしも困難ではない。株価が、２項ツリーや３項ツリーではなく、幾何ブラウン運動に従うような場合はどうであろうか？　その場合、実は、図表２－69にまとめたように、ボラティリティが異なるかどうかが「起こりうる将来イベントのセットが異なる」かどうかを決定する。

図表２－69　２つの世界で起こりうるイベントの集合は一致するか？

ボラティリティが同一な２つの世界	起こりうるイベントのセットは同一
ボラティリティが異なる２つの世界	起こりうるイベントのセットが異なる

ボラティリティが異なる２つの世界では、起こりうるイベントのプールも必勝法のプールも一致しない。

したがって、ボラティリティ30%の世界での必勝法はボラティリティ20%の世界では通用しない。そのためにボラティリティ30%の場合と20%の場合では当然に「正しいオプション価格」が異なってくることになる。パラレル・ワールドQを創造したときボラティリティを実世界Pから変更しなかったために、実世界Pでも成立する必勝法をQでの考察から導き出すことができたのである。

図表２－70　数学的には同値という概念を通じて理解される

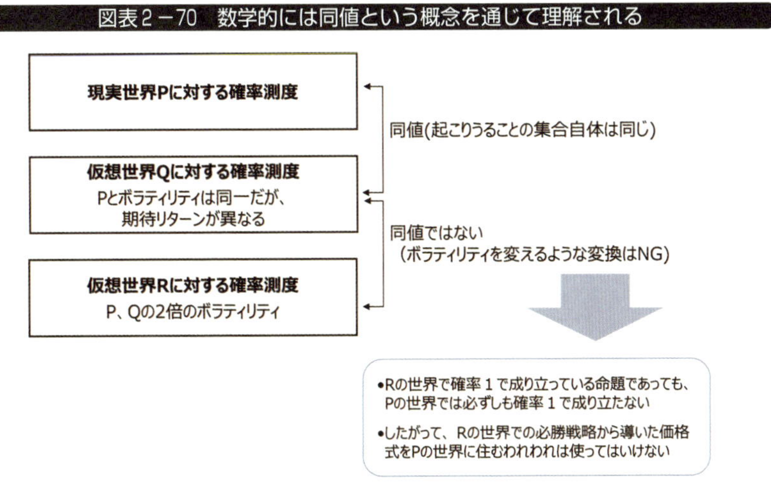

ドリフトが変化しても必勝法は必勝法のまま。ボラティリティが変化してしまうと、変化前の必勝法はもはや必勝法ではなくなる。[12]

12　例外もあるがここでは詳しく述べない。

4 CBや転換型種類株式の評価フレームワーク

CBや転換型種類株式は評価の前提および評価結果の双方が現実社会における争点になることがしばしばある金融商品である。実は、ここまで論じてきたBSフレームワークをそのままCBや転換型種類株式の評価に適用することは適切ではない。本節では実務上標準的なCBと転換型種類株式の評価手法とその背後にある考え方について述べる。

(1) オプションとして評価する立場からみたCBと転換型種類株式の特徴

転換権

CB、転換型種類株式の保有者は、転換権を行使することで、保有するCB、転換型種類株式を放棄する代わりに普通株を「額面÷転換価額」株だけ受け取ることができる。転換により受け取れる価値（円）を式で書くと

$$\frac{F}{K}S \qquad \text{ただし、}\begin{cases} F & \text{当初払込金額} \\ K & \text{転換価額} \\ S & \text{転換時点の普通株価} \end{cases}$$

となる。本節ではこのような転換権のついたCB、転換型種類株式を議論するが、転換権を行使できる期間などには制限がついている場合もある。ただし、例外的な場合を除いて転換可能期間は満期に限らず、かつ、保有者が行使タイミングを選択できるのでツリー・格子モデルを用いて解くことが適切（他の方法で解けないこともないがとても大変で精度も悪い）なタイプのオプション[13]に分類される（第2節(5)参照）。

CBの満期価値

たとえば、図表２－71のようなCBを想定してみよう。

図表２－71　想定するCB商品性

	CB額面（*F*）	転換価額（*K*）	償還価格
想定するCB例	100円	130円	100円

このCBの投資家は、普通社債（SB）と同様に、満期時に現金100円を受け取ることができる。ただし、その100円を受け取る権利を放棄して、引換えに約0.77株（=100÷130）の株を受け取ることを選択することもできる。現金と株とどちらを受け取るかによってCB投資家の得られるエコノミーは異なる。

図表２－72　現金を受け取る場合のエコノミー

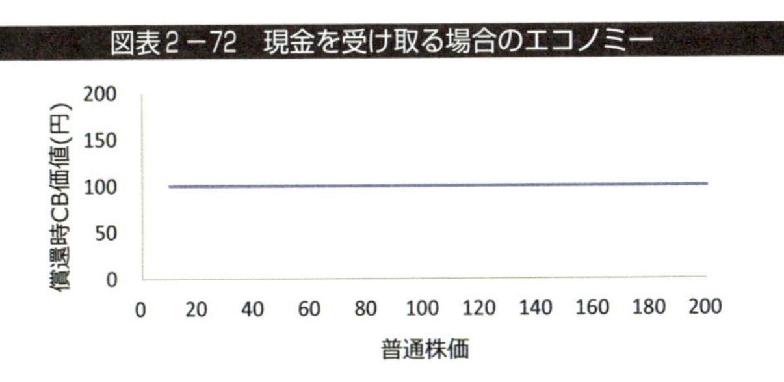

図表２－73　株を受け取ることを選択した場合のエコノミー

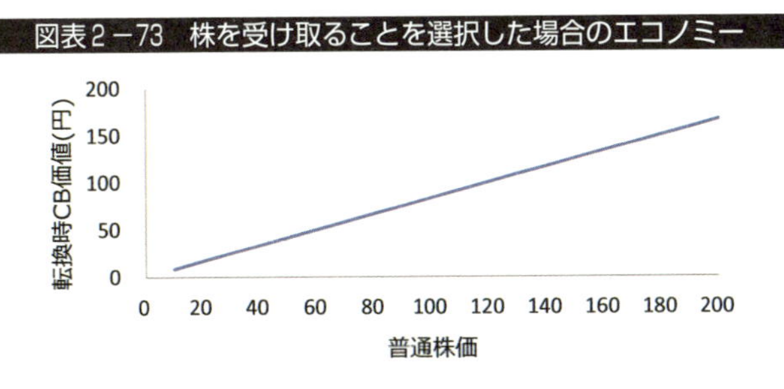

13　転換権を行使するか、行使するとしてもいつ行使するかは保有者の裁量に任されていることからも、CB、転換型種類株式は選択の自由度が存在するという意味でのオプション性をもつ金融商品である。

選択権は投資家にあるため、満期時のCB価値は上の２つのグラフの値の大きいほうと考える。

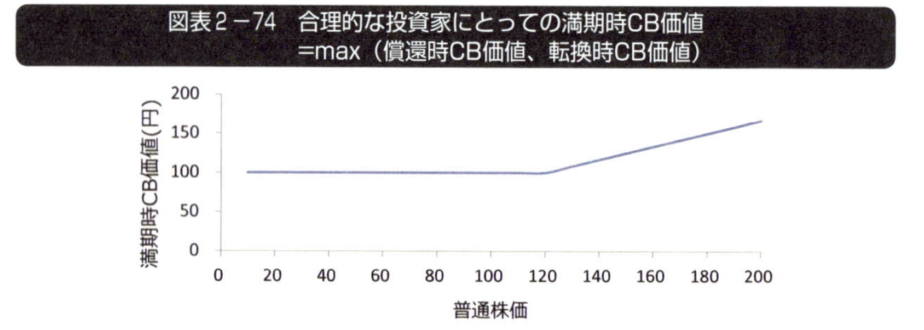

図表２－74　合理的な投資家にとっての満期時CB価値
=max（償還時CB価値、転換時CB価値）

この「いいとこ取り」エコノミーは

●株価＞転換価額であれば転換する

●そうでなければ転換しない

戦略によって実現できる。

転換型種類株式とCBをまとめて語ること

転換権のついた転換型種類株式もCB同様に投資家の選択で普通株に転換することができる証券である。一定期間後に強制的に普通株に転換される設計も永久に存続しうる設計も存在する。前者の場合は満期に相当する概念が存在するが、満期に現金で償還されえないことがCBとの相違点である。そして、

バリュエーションという観点ではCBと転換型種類株式はほぼ同じフレームワークを用いることができる。

満期償還の有無は償還価格が異なると理解できる。すなわち、CBの償還価格を０にした極限が転換型種類株式である、ととらえればよい。

図表２－75　CBのエコノミーと転換型種類株式のエコノミー

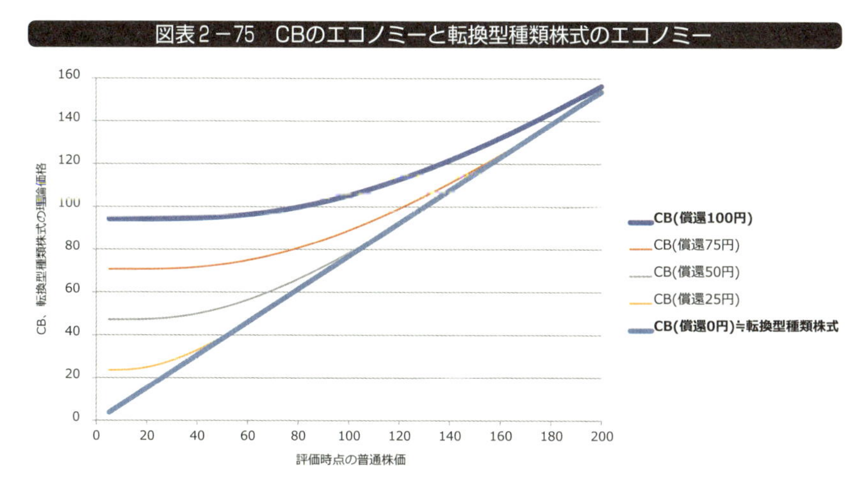

典型的なCBのエコノミーから連続的に典型的な転換型種類株式のエコノミーに変形することができる。

また、基本的に、種類株配当はCBのクーポンと同等の考え方で処理できるが、種類株配当は支払わなくてもクレジットイベントとならないなどCBのクーポンと比べて不確実性に本質的な相違がある。これはインプット・パラメータとしてのクレジットスプレッドに劣後債のクレジットスプレッドを入力するなどの入力パラメータでの対応が可能であり、またそうすることが合理的であると思われる。さらにコール、プット、転換価額修正（リセット）などの追加的な条項がCBおよび転換型種類株式に付加されることがあるが、そうした条項を評価上どう考えるべきか、そして実際の評価にどう反映させるかに関してはCB、転換型種類株式でほぼ違いはない。

⑵ クレジットを考慮できるBlack-Scholes with jump to defaultフレームワーク

BSフレームワークをCBに適用した場合の問題点

株価上昇時に保有者が一定のアップサイドを享受できるが株価下落時のダウンサイド・リスクは限定的、といった点で、CBと新株予約権（コール・オプション）は似通った性質をもっているといえる、が、１つだけ問題がある。たまたま株価も株価ボラティリティも株カレントイールドも同じだがクレジットスプレッドだけ大きく異なる２つの会社を考えてみよう（図表２－76）。

図表２－76　BSフレームワークを用いると理論価格が等しいことになってしまう２つのCBの例

	株価	ボラティリティ	株カレントイールド	クレジットスプレッド
A社	100円	30%	0%	10%
B社	100円	30%	0%	0.1%

クレジットは大幅に異なるが、他のパラメータはたまたま一致する２社の発行するCBが同じ価格になるのは直感的にもおかしい。

この２社がまったく同じ商品性（転換価額、転換可能期間、満期、利率すべてが同じ）のCBを発行したとする。原論文で述べられているそのままのBSフレームワークはクレジットをインプット・パラメータとして含まない。したがってBSフレームワークでは上記のうち赤く囲ったパラメータしか使わない。このためBSフレームワークで評価した場合、A社のCBとB社のCBの理論価格は完全に一致する。これは合理的ではないし、直感にもあわない。たとえば仮想的に非常に大きな転換価額を想定した場合、転換の可能性はほぼ０になり、CBは単なるSBのようなものになるが、そのような状況でもA社CB（実質SB）とB社CB（実質SB）の価格が同一になってしまう。

図表２－77　評価クレジットとBSフレームワークによるCB理論価格

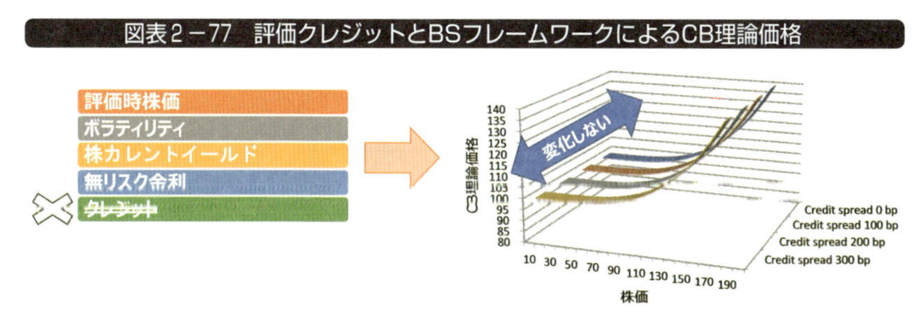

BSフレームワークによるCB理論価格は発行体クレジットによらない。

この欠点を合理的に解決したBSモデルの拡張が業界スタンダードに

この問題点を改善するためのさまざまな手法が提案され、投資銀行間でもコンセンサスがとれない時期もあったが、現在では金融実務業界では特定のプライシング・アプローチを共通して用いるに至っている。このBSフレームワークの正当な拡張を本稿ではBlack-Scholes with jump to default（以下、BSD）フレームワークと呼ぶ。BSDフレームワークは図表２－78のような望ましく、そして自然な挙動を自動的に実現する。

図表２－78　BSDフレームワークの場合

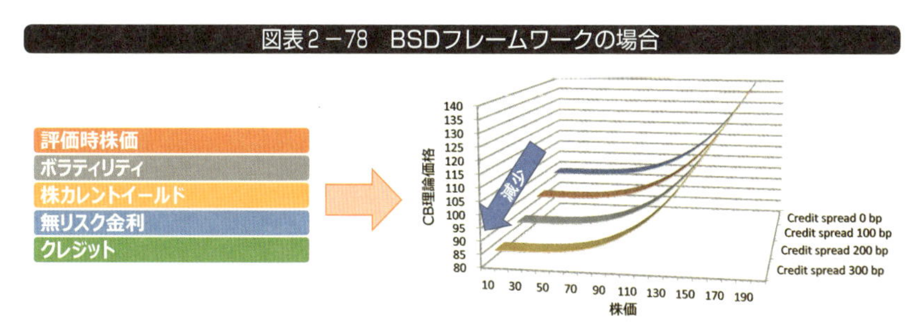

BSD理論によるCB理論価格は債券投資家からも自然な評価に。

満期のみで転換可能な仮想的なCBのBSDフレームワークによる評価を例にとって、株価領域ごとの振る舞いをみてみよう。

図表2－79　株カレントイールドとBSDフレームワークによるCB評価

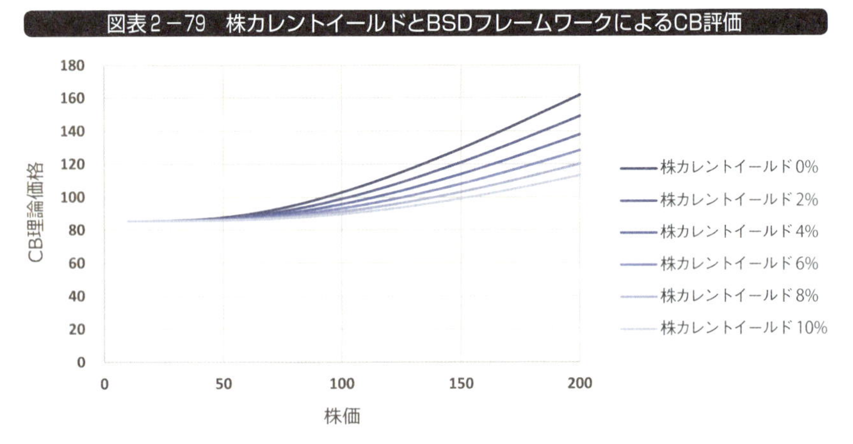

BSDフレームワーク評価では株カレントイールドへのセンシティビティは高株価領域で顕著。

図表2－79のように株カレントイールドに対する依存性（センシティビティ）は右側のほう（高株価領域）では大きく、左側（低株価領域）では小さくなる。これは非常に理にかなった挙動といえる。また、逆に図表2－80からわかるように、クレジットスプレッドに対するセンシティビティは高株価領域で小さく、低株価領域で大きくなる。これも同様に非常に理にかなった挙動といえる。

図表２−80　クレジットスプレッドとBSDフレームワークによるCB評価

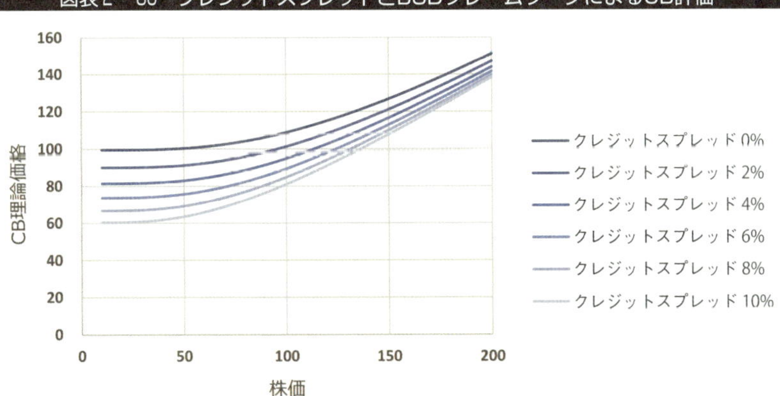

クレジットスプレッドへのセンシティビティの場合は低株価領域で顕著。

図表２−81　図表２−79および図表２−80で確認された振る舞い

	高株価領域	低株価領域
CBは株に近いか？　債券に近いか？	株に近い	債券に近い
株カレントイールドが増大するとCB価格は	大きく下落	小さく下落
クレジットスプレッドが増大するとCB価格は	小さく下落	大きく下落

このような望ましい・自然な挙動が自動的に実現される。

(3) BSフレームワークとBSDフレームワークの関係

このように大変好ましい特性をもつBSDフレームワークであるが、その実装はどのように実現されるのだろうか？　実は、BSフレームワークでの評価ができるだけの道具がそろってさえいれば、その使い方を工夫するだけで、直ちにBSDフレームワークによる評価を行うことができる。その仕組みを説明しよう。

まず、BSフレームワークでは与えた株式・市場パラメータは株価成長率、株価ボラティリティ、ディスカウントレートの３つの中間パラメータに集約され、数値計算エンジンに渡される。

図表２－82　入力パラメータはBSフレームワークにおいてどのように使われるか

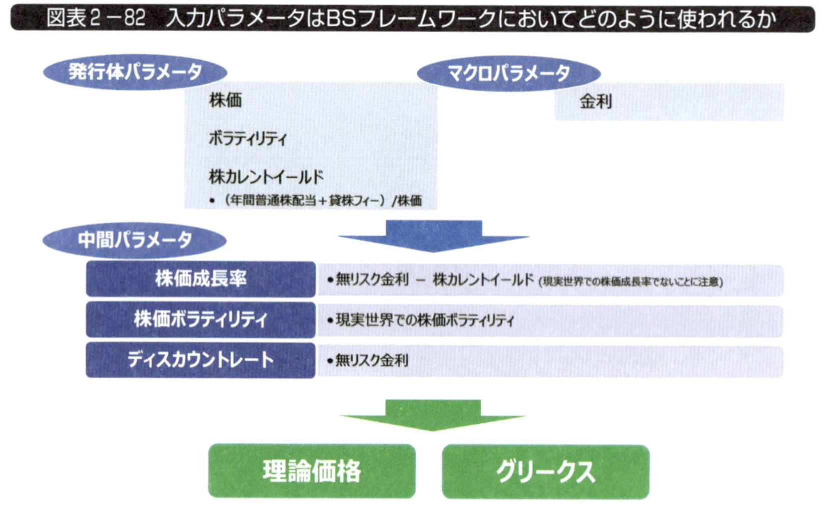

BSフレームワークでは発行体・マクロパラメータは株価成長率、株価ボラティリティ、ディスカウントレートに集約された後、評価に用いられる。

他方、BSDフレームワークも同様に株価成長率、株価ボラティリティ、ディスカウントレートの３つの中間パラメータだけが数値計算エンジンに渡される。

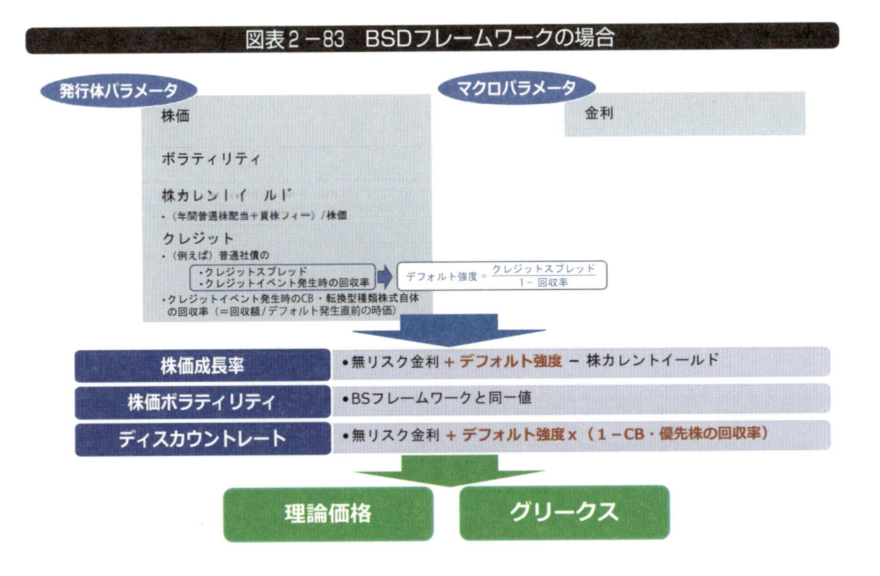

図表２－83で新たに登場したデフォルト強度は１年当りのデフォルト確率を意味する。たとえば、デフォルトイベントが起きても90%回収可能な債券のクレジットスプレッドが1%だったとする。この状況は

年間10%の確率でデフォルトするが90%回収できるので期待損失は1%

と解釈できる。この10%をどう求めるかを式にしたのが、図表２－83内にも示した算出式、

$$\text{デフォルト強度} = \frac{\text{クレジットスプレッド}}{1 - \text{回収率}}$$

である。

さて、図表２－82と図表２－83を見比べると、発行体パラメータおよびマクロパラメータから株価成長率、株価ボラティリティ、ディスカウントレートへの変換式はBSフレームワークなのか、BSDフレームワークなのかに応じて異なるものの、どちらのフレームワークでもその変換はストレートフォワードであることがわかる。さらに、これらの中間パラメータから理論価格およびグリークスを求める計算エンジン（図表２－82および２－83における緑色の矢印部分）はBSフレームワーク・BSDフレームワーク間で使いまわすことができる。したがって、たとえば、以下の構図が成り立つ。

図表２－84　中間パラメータと理論価格、グリークスの関係

BSフレームワーク		
株価成長率	株価ボラティリティ	ディスカウントレート
1%	30%	2%

→ 同じ理論価格 同じグリークス ←

BSDフレームワーク		
株価成長率	株価ボラティリティ	ディスカウントレート
1%	30%	2%

BSプライサーがあればBSDフレームワークでの評価を実行できる理由。

どんなときにBSフレームワークを用いるべきで、どんなときにBSDフレームワークを用いるべきだろうか？　株を原証券とするすべてのオプション性をもつ商品をBSDフレームワークで評価する、というのも１つの見識であるが、図表２－85のような取扱いが一般的と考えられる。

図表２－85　BSフレームワークとBSDフレームワークの一般的な使分けと適切な数値解法

	一般的なモデル選択
ヨーロピアン・コール・オプション （含む、シンプルな新株予約権） ヨーロピアン・プット・オプション	BSモデル
より複雑な新株予約権	BSモデル
CB・転換型種類株式	BSDモデル

BSDフレームワークによるCB評価とBSフレームワークによる新株予約権などの評価の整合性

たとえば、行使価格130円の新株予約権の満期時の経済的価値は図表２－86のように表せる。

図表２－86　新株予約権の満期時価値

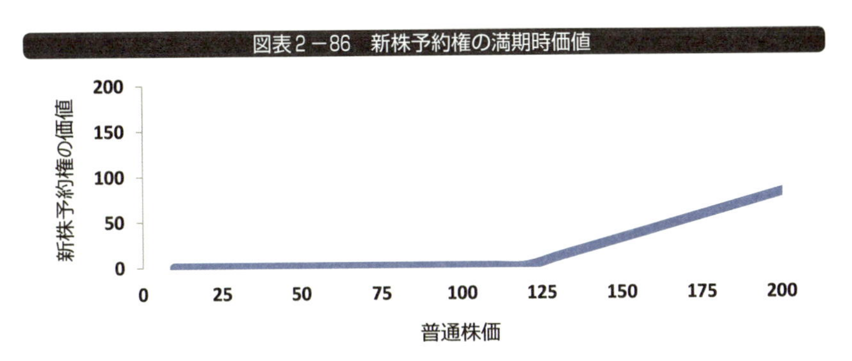

これを1.3で割って100円を加えると図表２－71のCBの満期時価値と重なる。

図表２－87　新株予約権のエコノミーとCBのエコノミー

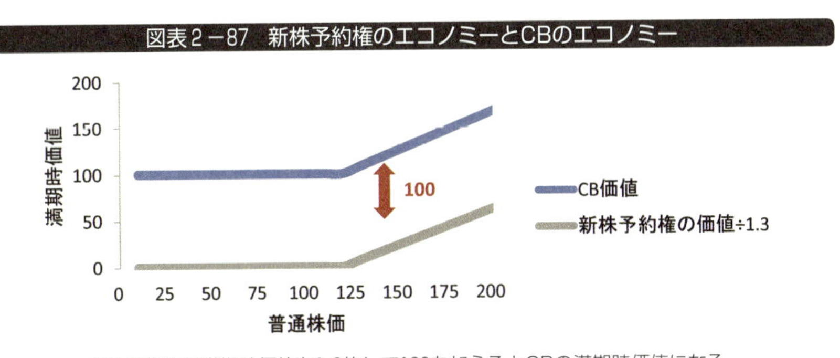

新株予約権の満期時価値を1.3倍して100を加えるとCBの満期時価値になる。

このように、新株予約権から連続的に変化させることでCBにたどり着くことができる。したがって、CBと新株予約権で違う評価フレームワークを使うことが問題になるようなケースも想定可能であることには注意が必要だ。

5 よくある質問

本章のまとめの代わりにいくつかのよくある質問とそれへの回答をあげよう。

⑴ ヘッジできない場合でも、本稿の議論は成り立つのか？

成立する。なぜなら、ヘッジが不可能な場合であっても「リスクに見合ったリターンを」という観点から標準的なオプション・プライシング理論を導出することができるからである。つまり、借株が困難であったり、ヘッジをすることがそもそも想定されていなかったりする場合であっても、BSフレームワークやBSDフレームワークを用いて金融商品のフェアバリューを評価することには強い根拠がある。

⑵ 企業価値評価とオプション評価の関係は？

実務で行われている企業価値評価手続とオプション評価の根っこは一緒である。同じ理論の異なる単純化・近似と考えることができる。

⑶ オプション評価では（企業価値評価では必要な）リスクプレミアムをインプットとして与える必要はないのか？

必要ない。が、投資家が要求するリスクプレミアムが0であることを仮定しているわけではない。リスクプレミアムをどのように仮定しても結局得られる解は同一なので、いちばん計算が簡単になるリスクプレミアム0を仮定しての計算がスタンダードなだけ、ともいえる。

(4) オプション評価では株価成長率を与えてやる必要はないのか？

必要ない。が、現実世界での株価の期待成長率がリスクフリーレートであることを仮定しているわけではない。株価成長率として何を想定したとしても、それとリスク・リターンの観点から平仄のとれたオプションバリューは同一であるため、いちばん計算が簡単になる以下の設定での計算がスタンダードなだけである。

株価成長率＋株カレントイールド＝無リスク金利

（もちろん、ここで述べていることは前問およびそれへの回答の単なる言い換えにすぎない）

(5) 株価成長率が高い場合、オプション価値も高いはず？

ここで、上記(3)および(4)の2つの疑問に関して違うかたちで少し深掘りしよう。たとえば、極端に株価成長率が高い状況を想定する（無リスク金利は0、シナリオA、B以外は実現しないと仮定）。

図表2－88　株価の期待成長率がきわめて高い状況

	今日	明日 （シナリオA実現時）	明日 （シナリオB実現時）
株価	100円	195	205
確率	実現済み	50%	50%

このとき、オプション価格も高くなるべきか？

このように株価の期待成長率がきわめて高い状況では、オプション理論価格も高くなるべきであろうか？　図表２－88を前提とするならば、たとえば、行使価格50円のコール・オプションを今日買えば、明日150円程度手に入れられる可能性が高そうだ。

図表２－89　オプション１単位を保有していると明日実現される価値

		明日のキャッシュフロー（シナリオA実現時）	明日のキャッシュフロー（シナリオB実現時）
オプション	１単位保有	145円	155円

したがって、オプション価値は150円程度、と考えるのも、一見、自然に思える。

図表２－90　株価の期待成長率が高いのでオプション理論価格も高くなるべき？

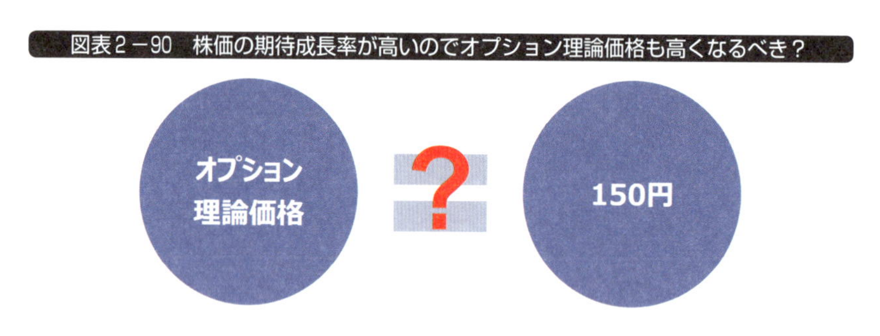

ところがこのような極端な状況でもオプションの理論価格は50円なのである。

図表２－91　図表２－100の「素朴な予想」は間違い

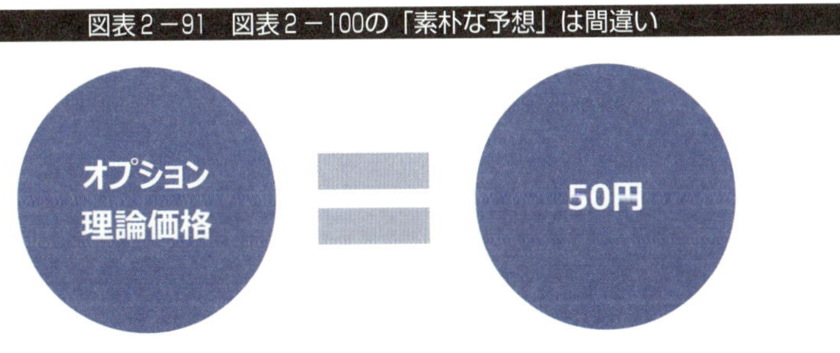

オプション理論価格は株価の期待成長率に依らない。

直感的にその理由を説明しよう。仮にこの「明日満期を迎えるストライク50円のオプション」を150円で買いたいという買い手がいたとする。このとき、このオプションをショートするとともに以下のように株をロングする戦略を実行すれば、２日間のキャッシュフローの合計は実現シナリオにかかわらず、＋100円となってしまう。

図表２－92　仮に150円でオプションを売ることができるとすると

	今日のキャッシュフロー	明日のキャッシュフロー（シナリオA実現時）	明日のキャッシュフロー（シナリオB実現時）
オプション－１単位	+150	－145	－155
株　＋１単位	－100	+195	+205
合計（円）	**+50**	**+50**	**+50**

元手０で２日間合計プラス100円のキャッシュフローが必ず実現される。

対して、オプション価格が50円であれば、上記の戦略は損益を生まない。

図表2－93　オプション価格が50円であれば

	今日のキャッシュフロー	明日のキャッシュフロー（シナリオA実現時）	明日のキャッシュフロー（シナリオB実現時）
オプション－1単位	+50	－145	－155
株　　+1単位	－100	+195	+205
合計（円）	**－50**	**+50**	**+50**

濡れ手で粟的な取引は不可能。

以上が、オプション価格が50円でなければならない直感的な理由その1であり、第3節であげたジャスティフィケーション①に対応している。

それにしても、オプション価格が50円だとすると、今度はオプションだけ買う投資家からみると極端に魅力的な商品にみえないだろうか？

図表2－94　オプションを50円で買えるとすると

	今日	明日（シナリオA実現時）	明日（シナリオB実現時）
オプションのみ1単位ロング	－50	145	155
確率	－	50%	50%

魅力的すぎる投資に思える。

たしかに世の中にある他の金融商品と比べれば極端に有利であろう。が、原証券である株と比較すると「似たようなもの」なのである。

図表２−95　株投資も非常に魅力的なリターンが望まれるため、平仄はとれている

	今日	明日 （シナリオA実現時）	明日 （シナリオB実現時）
株１単位のみロング	−100	195	205
確率	−	50%	50%

これが、第３節であげたジャスティフィケーション②に対応する、オプション価格が50円でなければならない直感的な理由その２である。

(6) リスクプレミアムを明示的に取り扱わなければならないケース

これまで扱ってきた例ではオプションの価値は株価によって決定された。価値が金利によって決定されたり、為替によって決定されたりするオプションも世の中に多数存在するが、それらの評価にリスクプレミアムは通常必要ない。ところが完全に同じ理論フレームワークにのっとっているにもかかわらずリスクプレミアムを手で与えてあげなければならないケースも存在する。具体的には、「オプション価値が○○によって決定される」として、その○○に依存する商品がほかにいっさい取引されておらず、その結果マーケットから価格をとれなければリスクプレミアムを手で与える必要がある。株のオプションの場合、まさに「株」そのものが取引されていることによって、リスクプレミアムを手で与える必要がなかったが、たとえば、金融機関に対する規制であるバーゼルⅢの定める要件を満たすAdditional Tier 1（AT1）債というものがある。AT1債は利払いおよび元本が「CET1比率」[14]に依存する債券である。

14　いわゆる「自己資本比率」。ただし、非常に質の高い資本のみを分子にカウント可能。

図表２－96　AT1債からのキャッシュフローはCET1比率に左右される

同じ発行体のCET1比率によって価値が決定される証券が他に存在しないような場合、Additional Tier 1 債をオプション評価フレームワークによって厳密に評価したければ、CET1比率リスクに対するリスクプレミアムを明示的に指定する必要がある。たとえば、史上初のAT1債を発行しようとする場合であれば、そうした評価を行うことが適切であったかもしれない。

補論 1

株カレントイールドについて

第２節(1)への補遺

本章では、

$$\frac{\text{年間普通株配当＋年間貸株フィー}}{\text{株価}}$$

を株カレントイールドと呼ぶことにした。株カレントイールドは必ずしもDCFでのディスカウントレートほどなじみのある概念でもない。そもそも株カレントイールドというのも、誰にでも通用する呼び方が存在しないゆえの本稿独自のネーミングである。が、株を原証券とするオプション評価の振る舞いを理解するうえで、DCFにおけるディスカウントレートに匹敵するといっていいくらいの、非常に重要なパラメータである。ここでは将来もらえる１円の現在価値と比較しつつ、将来もらえる１株の現在価値について考察することを通じて株カレントイールドのもつ意味合いを考えてみたい。

(1) 将来もらえる株の現在価値はどのようであるべきか？

「将来もらえる１円の現在価値」はどう決まるのだっただろうか？　クレジットリスクを考えなくてよい世界を想定し、リスクフリーレート（年１回利払い換算）が５％であるとする。このとき、クレジットリスクのない借り手Gに対して、１円を貸し付けることで以下の図表２－97のキャッシュフローを享受できる。

図表2－97　リスクフリーレートが5％のとき

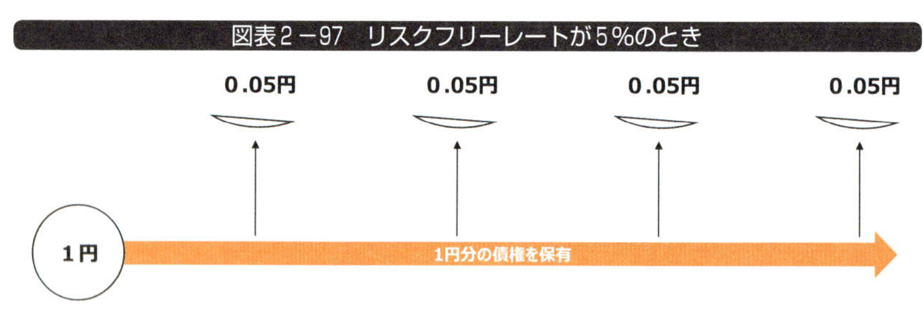

1円を貸し付けると毎年その0.05%=0.05円の利払いを受けることができる。

したがって、今日1円もらえることは「来年Gから1.05円もらえる」ことと同じ価値をもつ。つまり、リスクフリーレートが将来もらえる1円の現在価値を決定する。

次に2年後にA社普通株を1単位もらえる権利を想定する。株カレントイールドが5％であるとしよう。貸株市場に教科書的な流動性がある場合、株主は株式を貸し付けることで、配当とあわせて毎年図表2－98のような価値を受け取ることができる。

図表2－98　株カレントイールドが5％のとき

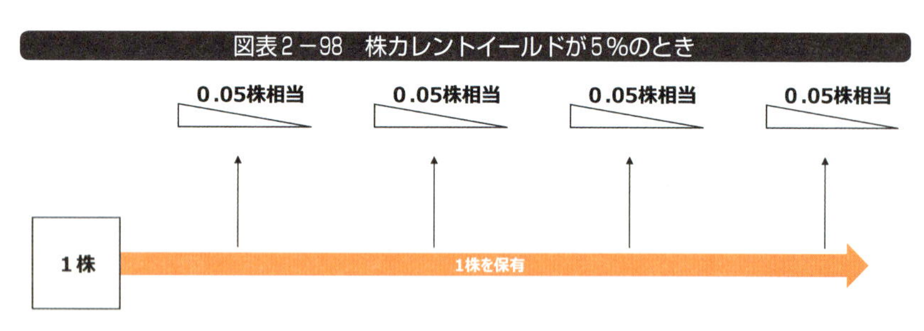

1株を貸し付けることで、配当とあわせて毎年その0.05%=0.05株相当のキャッシュフローを受けることができる。

したがって、今日1株をもらうことは1年後に1.05株もらうことと同じ価値をもつ。つまり、株カレントイールドが将来もらえる1円の現在価値を決定する。

以上をまとめると図表２－99のように整理される。一番右側にコメントしたとおり、来年もらう１株の現在価値はリスクフリーレートにはいっさい左右されないし、来年もらう１円の現在価値は株カレントイールドにはいっさい左右されないことに注意しよう。

図表２－99　将来もらう１円、１株の現在価値の決定要因

ステートメント	成り立つための条件	注意したいこと
今日もらう１円は来年もらう1.05円と等価	リスクフリーレートが５％	**株カレントイールドが何であろうとこの関係は崩れない**
今日もらう１株は来年もらう1.05株と等価	株カレントイールドが５％	**リスクフリーレートが何であろうとこの関係は崩れない**

以下では、BSフレームワークが図表２－99の性質を自動的に実現することを確認していこう。

(2)　１年後に確実に１円もらえる権利の現在価値をBSフレームワークで評価

HBSフレームワークでは２年後に確実に借り手Gから１円もらえる権利の現在価値はリスクフリーレートともに減少していく。

図表2－100　1年後に確実に1円もらえる権利の価値

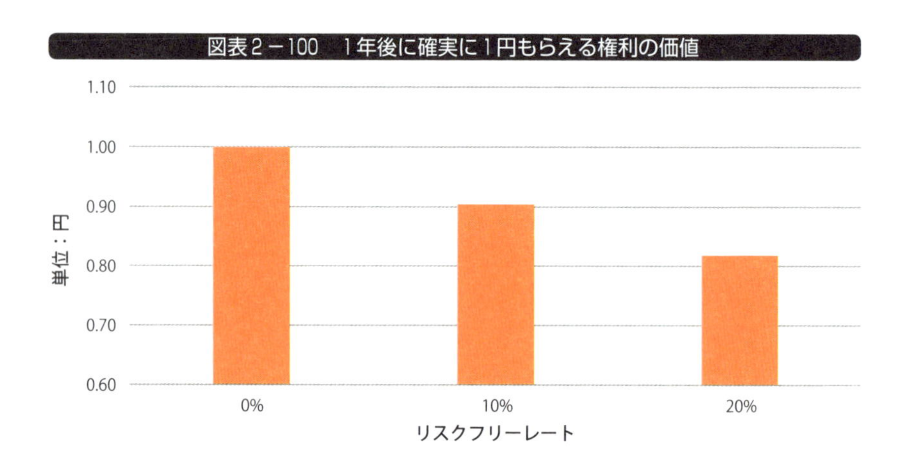

しかし、この権利の価値は株カレントイールドにはよらない。

図表2－101　1年後に確実に1円もらえる権利の価値

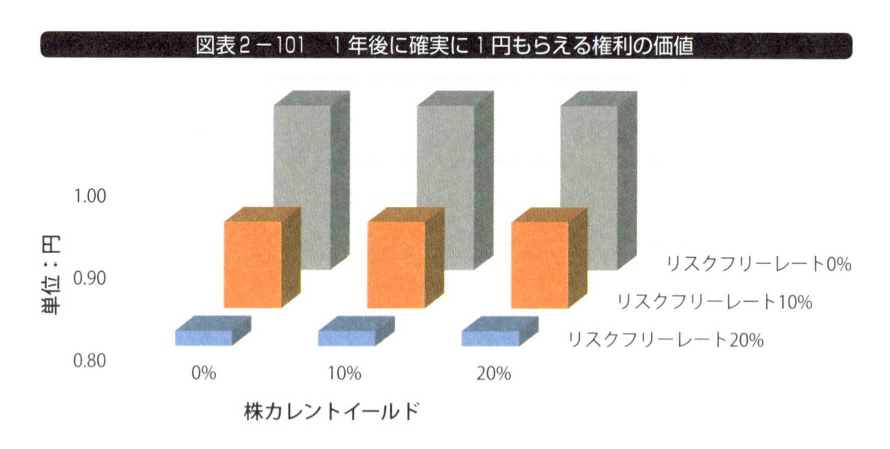

これらの結果は、BSフレームワークが図表2－99の最初の行の記述と整合的であることを示唆する。

(3) 1年後に1株もらえる権利の現在価値をBSフレームワークで評価

次に図表2－99の2行目の性質がBSフレームワークで実現されるかどうかを確認する。まず、1年後に1株もらえる権利はBSフレームワークによると図表2－102のように評価される。

図表2－102　同じ1年後にA社普通株を1単位もらえる権利のBSフレームワークによる現在価値評価

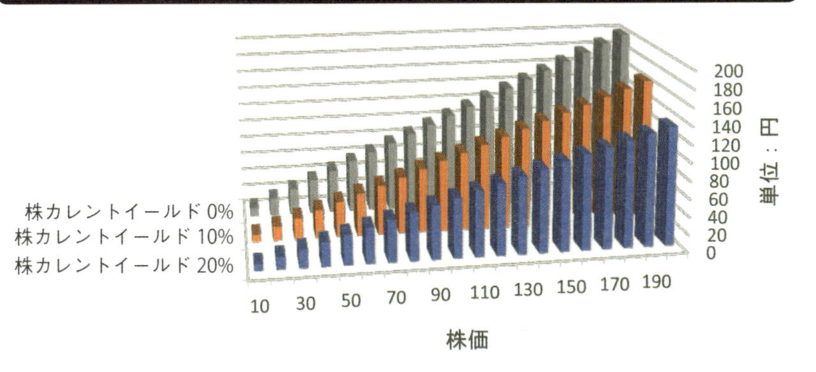

1年後に普通株を1単位もらえる権利の価値は株カレントイールドが増加すると下落してほしい。図表2－102からBSフレームワークは期待どおりそのような振る舞いを実現することがわかる。図表2－102の理論価値は株価によらず、現物株「1／株カレントイールド」株分に相当する（図表2－103）。

図表2－103　1年後にA社普通株を1単位もらえる権利の価値

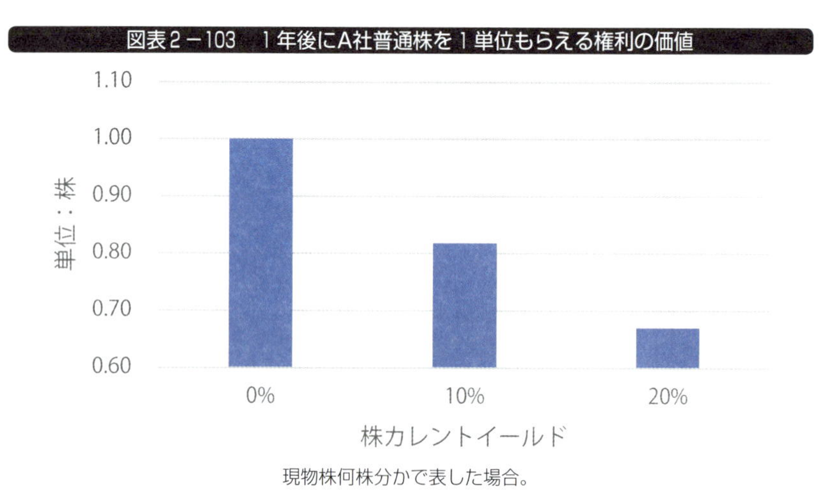

現物株何株分かで表した場合。

図表２－103を図表２－100と比べると株カレントイールドが、債券における金利のような役割を果たしていることがよくわかるであろう。

そして、「１年後に１株もらえる」権利のBSフレームワークでの評価価値はリスクフリーレートによらないことも以下のように確認できる。

図表2－104　1年後にA社普通株を1単位もらえる権利の価値

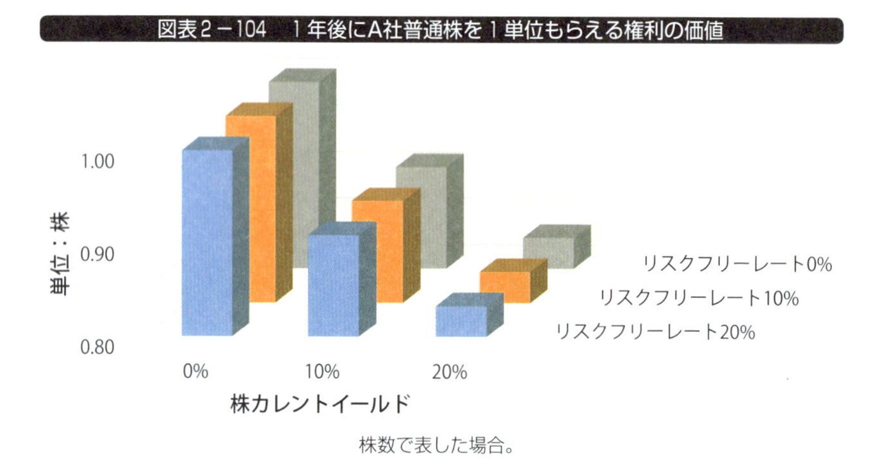

株数で表した場合。

補論 2
ツリーモデルによるオプション評価の詳細
第2節(5)への補遺

本節では3項ツリーモデルを例にとって第2節(5)で概説したフローをより詳しく見てみよう。

(1) ヨーロピアン・コール・オプションの3項ツリーによる評価

ツリーの構築

まず、ツリーを構築する必要がある。たとえば以下のようなツリーを張る。

図表2－105　構築されたツリー

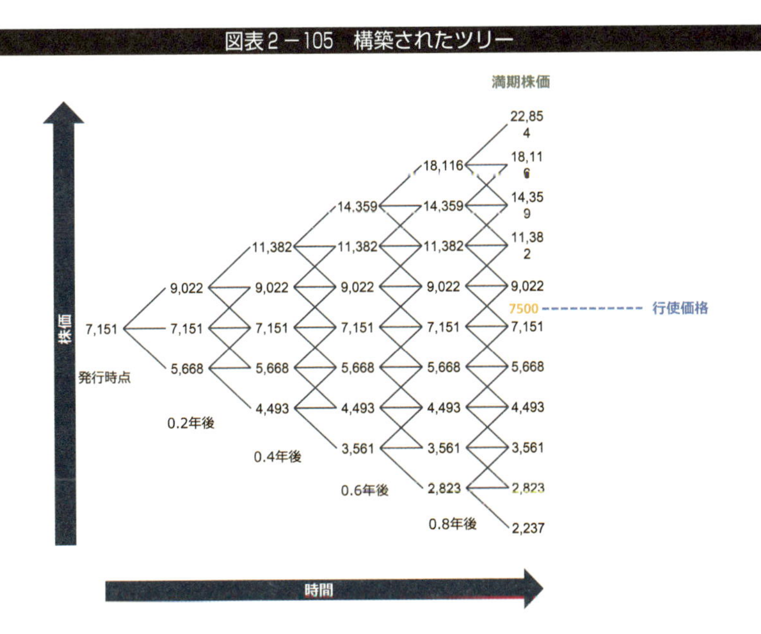

上記のツリーの模式図では横方向は時間軸に対応しており、一番左に評価時点、一番右にオプションの満期を割り当てて、その間を５等分している。ツリーの縦方向は株価に対応している。３項ツリーの場合、縦方向のノード数は自由に決めることはできず、

- 評価時点に対応する結束点（ノード）は１つだけ
- １つ右（上記の例の場合0.2年後に対応）のノードは縦方向に３つ
- さらにもう１つ右（同0.4年後）のノードは５つ
- ……

といった具合に必ずなる。したがって、どのくらい細かいツリーを構築するかは「横方向のノード数」だけで指定する。分割を細かくすればするほど精度は上がる。本例では時間方向に５分割しているが、実際には５分割では粗すぎて実用に耐えない。実際の運用上はどのような設定であろうと、たとえば最低100分割程度はほしい。何分割するかが決まったら、ツリー上のすべてのノードに株価を割り振っていく。割振り方には一定の制約があり、たとえば実現する可能性が高そうな株価レンジはカバーされている必要がある。その制約の範囲内であればユーザーが好きに決めてよい自由度もある。つまり、与えられた問題に対して適切なツリーは一意には決まらない。図表２－105では、

- 一番右側の列にある一番上のノードと一番下のノードの間の範囲が

±４×（ボラティリティ30%の場合の１年間の株価リターンの標準偏差）

程度をカバーし、

- 対数株価ベースで縦方向に等間隔になる

ように株価をノード上に配置したが、このようなアロケーションでなくてはいけないわけではない。

満期に対応するノードへのオプションバリューの割振り

ツリーを張り終わったら、次に満期に対応する一番右側のノードたちにオプションバリューを割り振る。満期においては、株価がXXX円ならばオプション価値はYYY円というのは（商品概要から）簡単に求められる。

図表２－106　満期に対応するノードへのオプションバリューの割振り

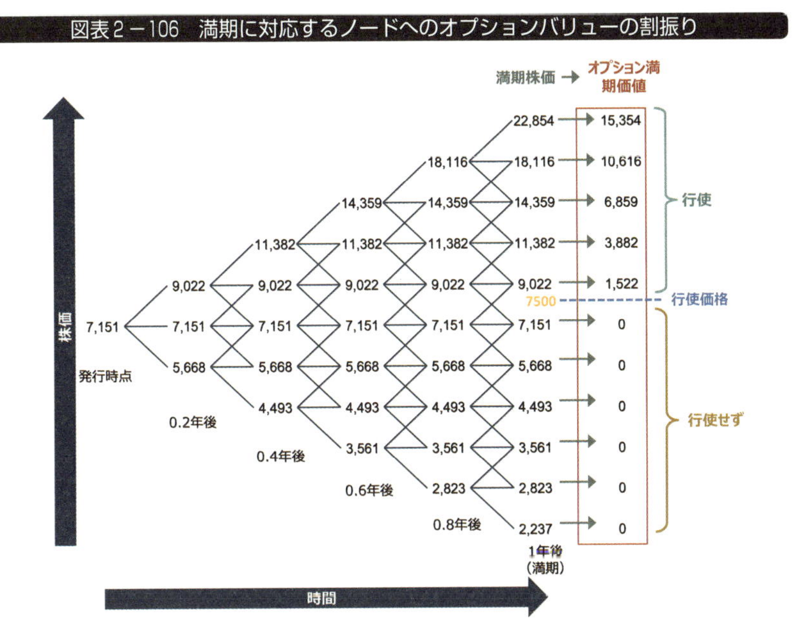

満期の１つ左のレイヤーに属するノードへのオプション価値の割振り

満期に相当するレイヤーのノードすべてにオプションバリューを割り振り終わったら、次は１つ左のレイヤー（発行0.8年後＝満期の0.2年前に相当）のノードにオプションバリューを割り振っていく。発行0.8年後の各ノードはそれぞれ満期レイヤーの３つのノードと結ばれている（これが３項ツリーと呼ばれるゆえんである）。

図表２－107　未来のオプション価値を割り引いて一時点手前でのオプション価値を求める手順

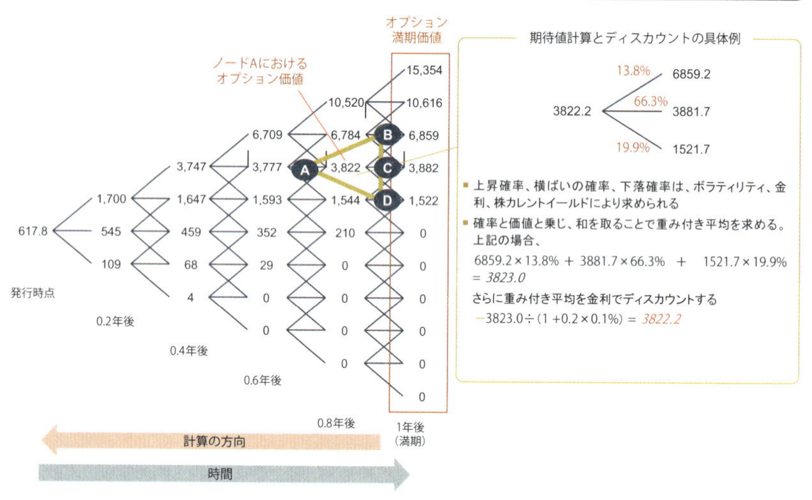

例として、図表２－107の黄色で囲まれている４つのノードに着目しよう。（計算上は）ノードA（発行0.8年後、株価11,382円）からみて0.2年後に起こりうる未来はノードB、ノードC、ノードDである。

図表２－108　ノードAからみてありうる未来

ノード	時点	株価	ノードAからの推移確率
B	発行１年後	14,359円	13.8%
C	発行１年後	11,382円	66.3%
D	発行１年後	9,022円	19.9%

計算上、AからBに行く確率、AからCに行く確率、AからDに行く確率はそれぞれ13.8%、66.3%、19.9%である。この確率を用いると、ノードAからみて0.2年後に実現する価値の期待値は3,823.0円となる。このオプションの「ノードA（@発行0.8年後）からみた期待将来価値」が3,823.0円ということになるので、これをリスクフリーレートで割り引くことで「ノードAにお

ける現在価値」3,822.2円が求められる。これでノードAにおけるオプション価値が求められた。

ノードAにおけるオプション価値を求めたのと完全に同じ手続を上下方向すべてのノードについて行った後、一段左に移り、ということを繰り返すことで、任意時点でのオプションの理論価格が評価できる。これが3項ツリーにおけるオプション評価のフローである。図表2－107の左端をみると、この粗いツリーを用いた場合、オプションの発行時点における理論価格は617.8円と評価されることがわかる。実務では決して使われない非常に粗いツリー（時間方向5分割というのは圧倒的に少ない）であったのにもかかわらず、正解の624.51円からそれほど遠くない評価を得られていることがわかる。

推移確率の求め方

たとえば、図表2－109のような配置のツリーであれば、株価ボラティリティがσ、株カレントイールドがq、無リスク金利がrであったとき、$\mu=r-q-\frac{\sigma^2}{2}$を用いて、図表2－110のような推移確率をアサインすれば、（一定の条件のもとで）ε、$\delta\rightarrow 0$の極限で「正しいオプション・バリュー」が求められることが知られている。

図表2－109　時間方向のノード間隔がε、対数株価方向のノード間隔がδであるようなツリー

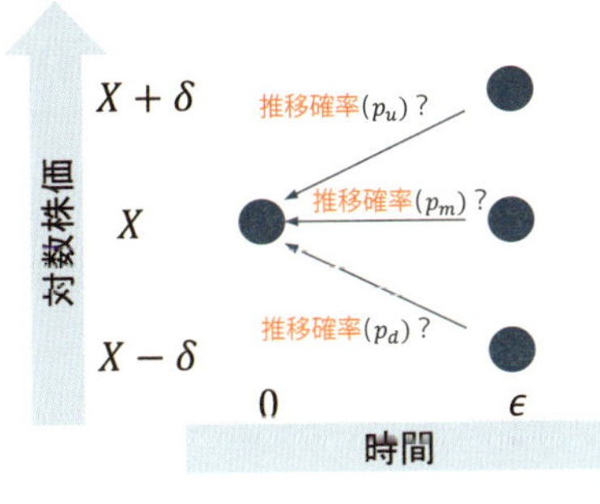

図表２－110　推移確率の決定方法

	（流儀１）連続バージョンと平均および分散を合わせる	（流儀２）BS偏微分方程式を $\frac{\alpha_f}{\alpha_x} \to \frac{f(x+\delta)-f(x-\delta)}{2\delta}$ 等で離散化
p_u	$\frac{1}{2}\left(\frac{\mu\epsilon}{\delta}+\frac{\sigma^2\epsilon+\mu^2\epsilon^2}{\delta^2}\right)$	$\frac{1}{2}\left(\frac{\mu\epsilon}{\delta}+\frac{\sigma^2\epsilon}{\delta^2}\right)$
p_m	$1-\frac{\sigma^2\epsilon+\mu^2\epsilon^2}{\delta^2}$	$1-\frac{\sigma^2\epsilon}{\delta^2}$
p_d	$\frac{1}{2}\left(-\frac{\mu\epsilon}{\delta}+\frac{\sigma^2\epsilon+\mu^2\epsilon^2}{\delta^2}\right)$	$\frac{1}{2}\left(-\frac{\mu\epsilon}{\delta}+\frac{\sigma^2\epsilon}{\delta^2}\right)$

どちらの流儀でもOK

ということで、図表２－107で用いた13.8%、66.3%、19.9%といった推移確率もこのような手順により決定されたのであった。

(2) アメリカン・オプションの場合

アメリカン・オプションであっても、

- ツリーの構築
- 満期価値の割振り
- 満期からの１ステップのディスカウント

は前節のヨーロピアン・オプションの場合と完全に同じ手続を行えばよい。

早期行使のツリーモデルにおける処理

したがって、ヨーロピアン・オプションの場合と完全に同一のバリューが発行0.8年後の各ノードに割り振られる。これらは、発行0.8年後の各ノードにおける「『いまこの瞬間に行使することを選択しない』前提でのオプション現在価値」である。さて、アメリカン・オプションの投資家はヨーロピアン・オプションの投資家同様に、この価値を現実のものとするために満期まで待つこともできるが、その代わりにその場で（＝この場合、発行0.8年後に）行使してしまう、という選択肢が存在する。このように早期行使権を評価に織り込むには、各ノード上で

- 『いまこの瞬間に行使することを選択しない』前提でのオプション現在価値
- その時点で行使した場合に得られる価値

のいずれか大きいほうを、そのノードにおけるオプション価値として割り振ればよい。後は満期の２つ前のノードへのオプションバリューの割振りも、満期の３つ前のノードへのオプションバリューの割振りも、同じことを繰り返す。このような手続により、任意の時点でのアメリカン・オプションの理論価格を評価できることになる。

図表２－111　早期行使した場合の各ノード上の価値

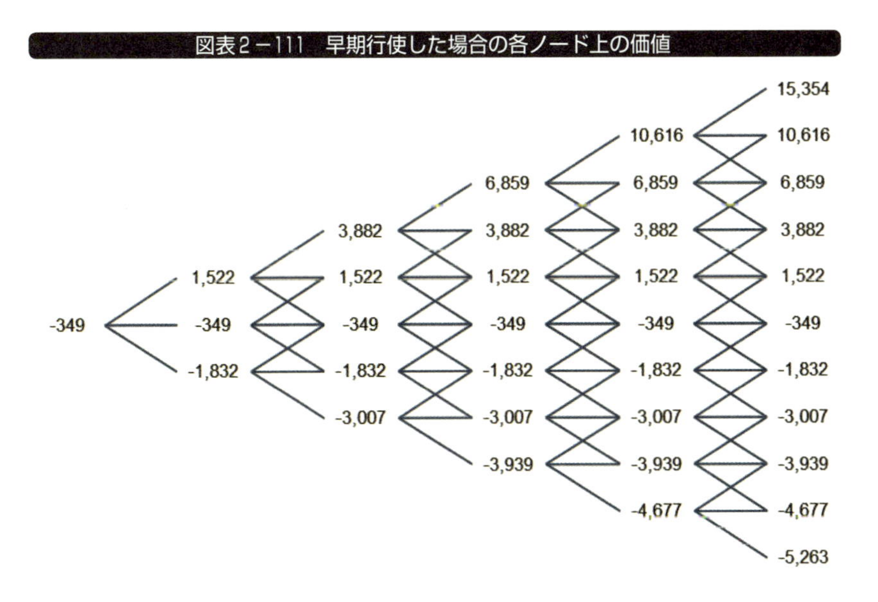

図表２－112　早期行使を考慮に入れた各ノード上のオプション価値

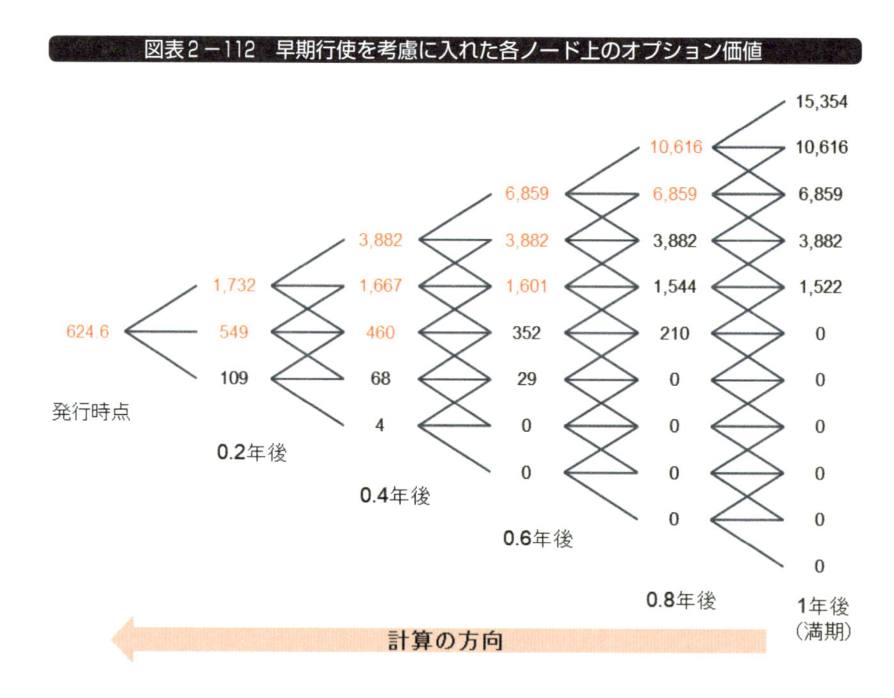

図表２－27と比較すると、図表２－112では赤色の数値が早期行使に対応して（高い方向に）変化していることがわかる。

補論 3

数値解法選択と数値誤差

第２節(7)への補遺

(1) ボラティリティについて

オプション・プライシングとは満期時からスタートして過去に向かっての「スムージング」であると考えることができる。そして、どのくらい強いスムージングが適用されるべきかを決定する重要なパラメータがボラティリティである。ボラティリティの定義は

ボラティリティ＝１年間の株価リターンの標準偏差

とシンプルだが、計算の仕方などにより、ボラティリティの推定値は（場合によっては大きく）異なってくる。まず、株価リターンの定義自体にも図表２－124のように２つのメジャーな流儀がある。

図表２－113　ボラティリティ50%の場合の例

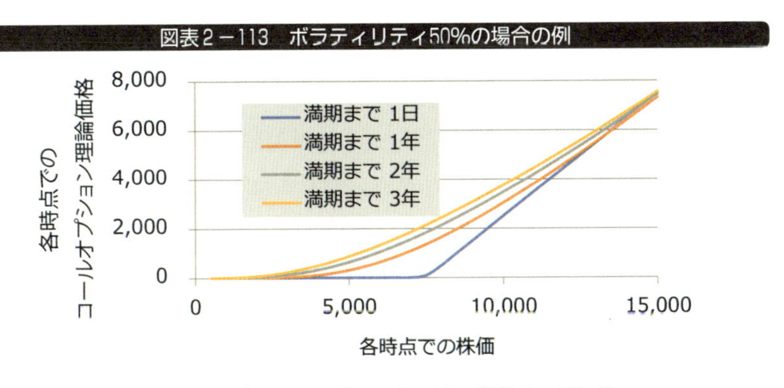

満期からさかのぼるにつれて強いスムージングがかかっている。

図表2－114　ボラティリティ10%の場合

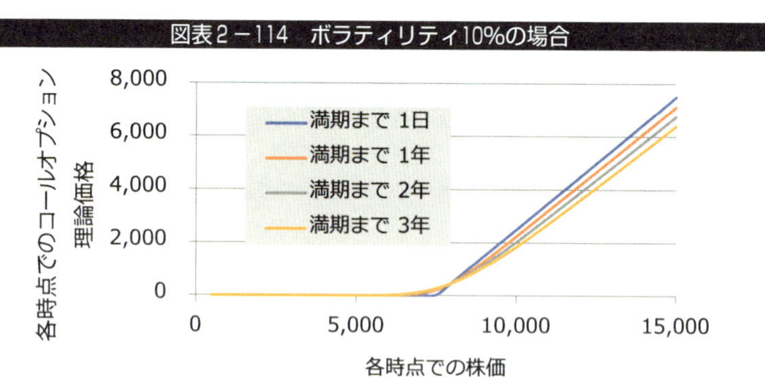

ボラティリティ50%の場合と比べてスムージングが弱いことが確認できる。

図表2－115　株価リターンの2つの代表的な定義

	定義1（log-based return）	定義2（non-log-based return）
株価リターン	$\ln\left(\frac{S_{t+\delta}}{S_t}\right)$	$\frac{S_{t+\delta}-S_t}{S_t}$

数学的により合理的なのは定義1である。「株価＝幾何ブラウン運動」という仮定のもとで定義1による株価リターンの標準偏差は$\sqrt{\text{time horizon}}$でスケールする。すなわち、

1年間の株価リターンの標準偏差
＝$\sqrt{2}$×半年間の株価リターンの標準偏差
＝2×3カ月間の株価リターンの標準偏差
＝$\sqrt{12}$×「月次」株価リターンの標準偏差
＝$\sqrt{52.14}$×「週次」株価リターンの標準偏差
＝$\sqrt{\text{1年間の営業日数}}$×「日次」株価リターンの標準偏差

が成り立つことが期待される。このスケール則は現実ともそれなりに整合しているが、上式の何行目の定義を使うか、またどの程度の期間の過去データ

を用いるかによって、当然、株価ボラティリティの推定値は異なってくる。たとえば、ある企業Y社が図表2－116のストック・オプション発行を決定したとしよう。

図表2－116　例として用いるストック・オプション

行使価格	満期	行使可能期間
3839円	発行8年後	発行2年後から8年後まで

決定時点での無リスク金利が図表2－117のようであり、

図表2－117　前提とする無リスク金利

年限	1	2	3	4	5	6	7	8
金利（%）	0.68	0.47	0.55	0.64	0.76	0.89	1.03	1.17

また、Y社株価は3745円、年間配当が45円であったとする。株キャリーコストとして1.2%（=45/3745）を仮定することには一定の合理性があると思われるので、あとストック・オプション評価に必要なのはボラティリティということになる。図表2－118にあげたいずれのヒストリカル・ボラティリティもストック・オプション評価のための前提ボラティリティ候補になりうるであろう。どの数値も合理的な方法で導出されているにもかかわらず、5年のところだけみても最大34.8%、最小26.6%とかなり大きな幅があることが見て取れる。

図表２－118　計測手法によりさまざまな値をとるヒストリカル・ボラティリティ

パターン			2Y	3Y	4Y	5Y	6Y	7Y	8Y
0	Log-based	monthly	33.2%	29.1%	27.6%	26.6%	25.1%	24.4%	24.1%
1	Log-based	weekly	41.2%	36.7%	33.7%	31.7%	30.0%	29.9%	29.4%
2	Log-based	daily	45.7%	41.5%	37.6%	34.7%	32.7%	32.5%	32.0%
3	Non-log-based	monthly	33.2%	29.0%	27.5%	26.6%	25.2%	24.4%	24.1%
4	Non-log-based	weekly	40.4%	36.1%	33.1%	31.3%	29.6%	29.6%	29.1%
5	Non-log-based	daily	45.8%	41.5%	37.6%	34.8%	32.8%	32.5%	32.0%

(2) ストック・オプションのヨーロピアン・オプション近似による評価

Black-Scholes公式によるY社ストック・オプション評価例

まず、図表２－116のストック・オプションを一時点のみで行使可能なオプション（ヨーロピアン・オプション）と近似的にみなして、解析解（Black-Scholes公式）により評価してみることにする。このとき、図表２－118のそれぞれのボラティリティを前提とした場合の理論価格は図表２－119のようになる。

図表２－119　ヨーロピアン・オプション近似のもと、図表２－127のボラティリティを前提とした場合のストック・オプション理論価格[15]

			想定行使時点						
パターン			2Y	3Y	4Y	5Y	6Y	7Y	8Y
0	Log-based	monthly	621.4	655.0	710.5	762.1	786.0	824.6	874.0
1	Log-based	weekly	782.6	841.9	881.1	917.8	944.0	1,016.6	1,066.0
2	Log-based	daily	874.3	956.1	986.5	1,008.5	1,033.4	1,102.3	1,157.6
3	Non-log-based	monthly	621.3	653.5	708.4	762.0	787.0	826.1	874.9
4	Non-log-based	weekly	767.2	825.8	865.2	904.1	930.9	1,005.8	1,056.3
5	Non-log-based	daily	876.3	957.1	987.2	1,009.2	1,034.2	1,103.5	1,159.0

この結果からわかるように「想定行使時点」および「ボラティリティの計測手法」により結果は大きく変化する。格子モデルによって同じ計算を行った場合はどうなるだろうか。本来は格子モデルではヨーロピアン近似をする必要がないが、連続時間モデルと比較するためにここでは、図表２－118でハイライトしたボラティリティ31.3％を前提として、５年のヨーロピアン・オプションとして評価してみよう。このような設定で格子モデルを用いて評価した理論価格は図表２－120のように分割数によって異なる値をとる。

図表２－120　格子分割数と評価値

格子の分割数	格子モデルによる評価	
50	901.4	１段下に行くごとに計算時間は約４倍に
100	903.5	
200	903.7	
400	903.9	
800	903.9	
1600	903.9	
3200	904.0	
6400	904.1	

分割数を上げていった場合の格子モデルによる評価値の振る舞い。

図表２－120をプロットしてみると（図表２－121）格子モデルによる評価値がBlack-Scholes公式による評価値（図表２－119でハイライトした904.1円）に漸近することが確認できる。

15　無リスク金利は各想定行使時点に対応する図表２－117の金利を用いた。

図表2－121　分割数を上げていくとBlack-Scholes公式による評価値に漸近

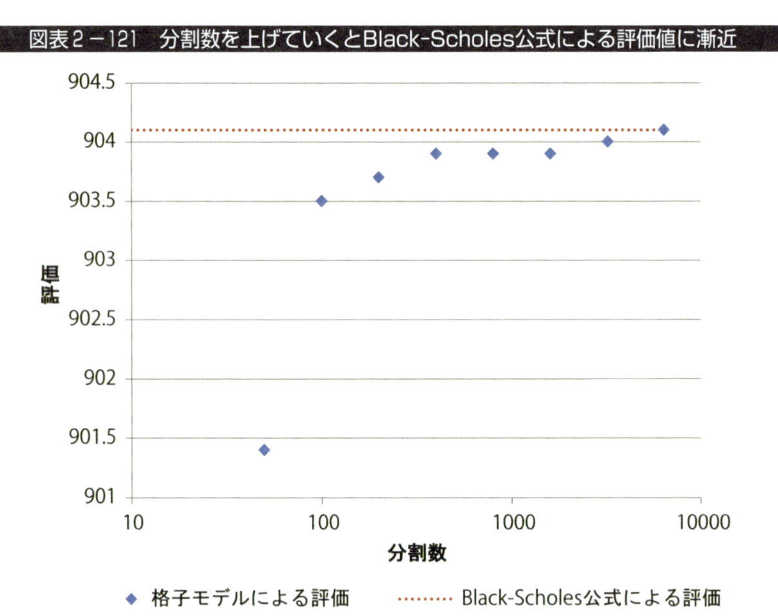

分割数を上げていくことでBlack-Scholes式による値に漸近する。

分割数が少ない場合の連続時間モデルとの結果の相違は単なる「数値誤差」である。格子モデルを採用した場合、特に分割数が少ない場合には一定の数値誤差が存在する。したがって、格子モデルでも漸近的に同じ結果を得られるにせよ、もともと数値誤差がほぼ存在しない「Black-Scholes公式による評価」を用いる方が合理的である。

格子モデルにより期中行使可能なオプション、すなわちアメリカン・オプションとして評価した場合はどうであろうか。

図表2－122　アメリカン・オプションとして評価する場合の前提パラメータの合理的な選び方の例

ボラティリティ	29.1%	図表2－118のパターン4、8Yの数値を採用
無リスク金利	1.17%	図表2－116における8年無リスク金利

上記の前提条件を置いた場合、格子モデルによる評価結果は図表2－123のようになる。

図表2－123　アメリカン・オプションとしての格子モデルによる評価

格子の分割数	格子モデルによる評価	
50	1,079.1	・1段下に行くごとに計算時間は約4倍に ・解析解による検算はできない（モンテカルロ・シミュレーションも難易度が高い）
100	1,082.6	
200	1,083.2	
400	1,083.5	
800	1,083.5	
1600	1,083.6	
3200	1,083.6	
6400	1,083.7	

この結果をグラフで描画してやると何らかの値に収束していっているような挙動をしていることが確認でき、この収束先が真のオプション理論価格であると推測できる。

図表2－124　アメリカン・オプションとして評価した場合も分割数を上げることで精度が向上

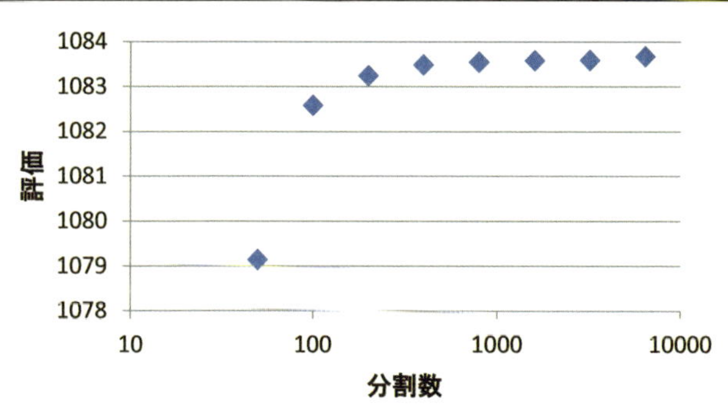

なお、ヨーロピアン近似を行った場合と比較すると、

5年後のみ行使可能⇒2～8年の任意時点で可能

という投資家の自由度を拡大する方向での前提変更がなされている。このため、必ず

2～8年の任意時点で行使可能と仮定した場合の評価 ≧ 5年後のみ行使可能と仮定した場合の評価

となる[16]。

(3) CB評価と数値誤差

ここでは以下の商品性をもつCBを仮定する。

図表2－125　想定するCB商品例

商品性	
満期	5年
クーポン	ゼロ
転換価額	発行時株価×120%
転換制限条項	・前四半期末に株価が転換価額の130%を超えている場合のみ転換可能 ・ただし、満期直前に解除

16　前提とするボラティリティ・無リスク金利が異なる場合はこの順序が成り立たないこともある。

評価パラメータとしては以下を仮定する。

図表２－126　想定する評価パラメータ

評価パラメータ	
金利＋クレジット	0.76％
ボラティリティ	21.532％
普通株配当利回り	2.614％
貸株フィー	0～3％

格子モデルによる評価は以下のようになる。

図表２－127　格子モデルによる評価例

		貸株フィー			
		0％	1％	2％	3％
格子の分割数	50	103.94	102.91	101.98	101.09
	100	104.00	102.98	102.08	101.26
	200	104.00	102.98	102.08	101.26
	400	104.01	102.98	102.10	101.29
	800	104.01	102.99	102.09	101.29
	1600	104.01	102.99	102.10	101.30
	3200	104.01	102.99	102.10	101.30
	6400	104.01	102.99	102.10	101.30

転換制限条項（やや評価上の技術的な難易度が高い）を無視した場合、評価結果はプラス方向にシフトする。

図表２－128　転換制限条項を考慮しない場合の評価

		貸株フィー			
		0%	1%	2%	3%
格子の分割数	50	103.97	102.97	102.10	101.38
	100	104.02	103.03	102.18	101.45
	200	104.03	103.04	102.20	101.47
	400	104.04	103.05	102.21	101.48
	800	104.04	103.05	102.21	101.48
	1600	104.04	103.05	102.21	101.48
	3200	104.04	103.05	102.21	101.48
	6400	104.04	103.05	102.21	101.48

解析解との比較

さらに行使可能時点を満期直前に制限した場合の格子モデルによる評価は以下のようになる。

図表２－129　ヨーロピアン・プレーンCBとして格子モデルで評価した場合

		貸株フィー			
		0%	1%	2%	3%
格子の分割数	50	103.25	101.99	100.92	100.02
	100	103.28	102.03	100.97	100.07
	200	103.28	102.04	100.98	100.08
	400	103.29	102.04	100.98	100.08
	800	103.29	102.04	100.98	100.09
	1600	103.29	102.04	100.98	100.09
	3200	103.29	102.04	100.98	100.09
	6400	103.29	102.04	100.98	100.09

ヨーロピアン・プレーンＣＢの場合は以下のように解析解による評価が可能である[17]。

17　違う言い方をすれば、ここまで近似を重ねることでようやく解析解との比較が可能になるのである。

図表2－130　ヨーロピアン近似に対する解析解

	貸株フィー			
	0%	1%	2%	3%
解析解による評価	103.29	102.04	100.98	100.09

図表2－129と図表2－130を比較することで、分割数を十分に多くとった格子モデルが十分な精度を有することが、ここでも、確認できる。

補論 4

BSフレームワークの数学的導出

第3節への補遺

(1) ロジック①に基づくBSフレームワークの導出

実世界でのある企業の株価S_tの年率成長（ドリフト）率がμでボラティリティがσだったとしよう（本補論では単純化のため株キャリーコストはゼロとする)。これを「確率微分方程式」で表現すると以下のようになる。

実世界での標準ブラウン運動
（＝1年あたりの分散1、平均ゼロであるようなブラウン運動）

$$\mathrm{d}S_t = \mu S_t \mathrm{d}t + \sigma S_t \mathrm{d}B_t$$

「ドリフト」項　拡散項

（式4）

この株を原証券とする経路依存しない（すなわち、過去の株価に依らない）オプションの価格tは、株価S_tと時間tの関数として

$$F_t = f(S_t,\ t)$$

というように書けるだろう。ここで、fは同じインプットに対して出力が変動しない、すなわち、f (1, 0) が評価するたびに1になったり、2になったりしない、という意味で（確率的でない）「普通の関数」である[18]。このとき、オプション価格のドリフト項、拡散項は「伊藤の補題」[19]によって式5のように評価される[20]。

18　ただし、「普通の関数」に確率的な変動をする変数（確率変数）を入力すれば出力も確率的に変動する。S_tは確率変数なのでオプション価格$f(S_t, t)$も確率変数である。

19　伊藤の補題に関しては本節後段参照。

20　以下、fの第一変数での1階偏微分をf_1、第二変数での1階偏微分をf_2、第一変数での2階偏微分をf_{11}などとあらわす。

この等式が伊藤の公式

$$dF_t = f_1(S_t, t)dS_t + f_2(S_t, t)dt + \frac{\sigma^2 S_t^2}{2} f_{11}(S_t, t)dt$$

「ドリフト」項　　拡散項

$$= \left[\mu S_t f_1(S_t, t) + f_2(S_t, t) + \frac{\sigma^2 S_t^2}{2} f_{11}(S_t, t)\right]dt + \sigma S_t f_1(S_t, t)dB_t$$

上の行の右辺の表現に式４を用いたのち、ドリフト項と拡散項に並び替え。
ここで灰色のアンダーラインが引かれた S_t は確率変数だが、水色のアンダーラインが引かれた f_1、f_2、f_{11} などは確率的でない普通の関数（脚注20、22）であることに注意

確率変数

確率的でない
普通の関数

（式５）

式５の右辺から式４の右辺の $f_1(S_t, t)$ 倍を差し引くことで、

オプション１単位ロング+価格が S_t であるような証券を $f_1(S_t, t)$ 単位ショートというポートフォリオの価値 Π_t の微小時間（dt）における変化は以下のように書ける。

$$d\Pi_t = dF_t - f_1(S_t, t)dS_t = \left[f_2(S_t, t) + \frac{\sigma^2 S_t^2}{2} f_{11}(S_t, t)\right]dt$$

上記ヘッジポートフォリオには拡散項（dB_tを含む項）がない、すなわち無リスクなポートフォリオなので、ドリフト項は「無リスク金利での成長」相当でなくてはならない。この条件を数式で表現すると式６のようになる：

上のdΠ_tの式の最後の表現（dt=1）　無リスク金利での成長率 × ポートフォリオ価値Π_t

$$f_2(S_t, t) + \frac{\sigma^2 S_t^2}{2} f_{11}(S_t, t) = rf(S_t, t) - rS_t f_1(S_t, t)$$

（式６）

式６はp101の数学問題２の偏微分方程式でq=0と置いたものと一致する。すなわちオプションを解きたいという現実の問題から数学問題２に到達する

ことができた。式６はp101脚注３でも述べたとおりBlack-Scholesの偏微分方程式と呼ばれ、株価および時点とオプション理論価格との間の橋渡しをする関数fが満たすべき関数形を規定する。式６には株価成長率μが出てこないことにも注意しよう。

伊藤の補題について

上記のBlack-Scholes偏微分方程式導出で用いた伊藤の補題についてもう少し詳しくみてみよう。

・テイラー展開

時間Δ_tだけ経過する間に株価がΔ_Sだけ変化したとするとオプション価値$f(S, t)$の変化幅を

（テイラー展開式）

$$\Delta(f(S,\ t))=f_1(S,\ t)\Delta_S+f_2(S,\ t)\Delta_t+(\Delta_S,\ \Delta_t\text{の二次以上の項})$$

のように展開することができる。

・時間の滑らかな関数で表されるような株価推移を仮定した場合

仮に株価Sが時間tの滑らかな関数で表されるような推移をするのであれば、上式の

$$(\Delta_S,\ \Delta_t\text{の二次以上の項})$$

の項はΔ_tの二乗以上のオーダーになるため、時間の刻みを小さくしていくことで無視できるようになる。このため、上記テイラー展開式右辺を第二項までで打ち切ったスライス

（例）f（時点０での株価, 0）×時点０から時点0.001までの株価変化
$+f_2$（時点０での株価, 0）×0.001
$(=f(S_0,\ 0)\times(S_{0.001}-S_0)+f_2(S_0,\ 0)\times 0.001)$

を

$$
\begin{aligned}
&f(S_0 0)\\
&+f(S_0,\ 0)\times(S_{0.001}-S_0)+f_2(S_0,\ 0)\times 0.001\\
&+f(S_{0.001},\ 0.001)\times(S_{0.002}-S_{0.001})+f_2(S_{0.001},\ 0.001)\times 0.001\\
&\cdots\\
&+f(S_{0.999},\ 0.999)\times(S_1-S_{0.999})+f_2(S_{0.999},\ 0.999)\times 0.001
\end{aligned}
$$

（式7）

といったかたちで積み上げて、時間間隔を0.001⇒0.0001⇒0.00001と小さくしていくと、

(1年後に実現されるオプション価値)　$f(S=S_1,\ t=1)$

に収束していくことになる。

• 株価が幾何ブラウン運動に従うと仮定した場合

ところが、幾何ブラウン運動で仮定されている株価推移はどのパスをとっても時間方向に滑らかではなく、Δ_Sの二乗の項がΔ_tの一乗のオーダーになる。このため、一定時間経過した後のオプション価値 f (S, t) に収斂させようと思えば、Δ_Sの二乗の項に由来する項を追加した

f(時点0での株価, 0) ×時点0から時点0.001までの株価変化

$+f_2$(時点0での株価, 0) ×0.001

$+\dfrac{\text{ボラティリティ}^2\times\text{時点0での株価}}{2}f_{11}$(時点0での株価, 0)

といったものの積み上げ：

$$f(S_0 0)$$
$$+f(S_0,\ 0)\times(S_{0.001}-S_0)+f_2(S_0,\ 0)\times 0.001+\frac{\sigma^2 S_0}{2}f_{11}(S_0,\ 0)$$
$$+f(S_{0.001},\ 0.001)\times(S_{0.002}-S_{0.001})+f_2(S_{0.001},\ 0.001)\times 0.001+\frac{\sigma^2 S_{0.001}}{2}f_{11}(S_0,\ 0.001)$$
$$\cdots$$
$$+f(S_{0.999},\ 0.999)\times(S_1-S_{0.999})+f_2(S_{0.999},\ 0.999)\times 0.001+\frac{\sigma^2 S_{0.999}}{2}f_{11}(S_{0.999},\ 0.999)$$

（式８）

を行う必要がある。仮に式８でなく、式７のような積み上げをしてしまうと、どんなに時間間隔を短くしていっても、一定時間経過した後のオプション価値 $f\ (S,\ t)$ に収斂していかないことになる。すなわち、式７を前提としてヘッジを行うと蓋をあけてみたらうまくヘッジできていなかったということになる。確率過程を引数に取った関数の大域的な振る舞いと微視的な挙動との対応を指し示す、式８のような積み上げ処方箋を与えたのが伊藤の補題、ということになる。伊藤の補題は通常、式６の一段目

$$dF_t = f_1(S_t,\ t)dS_t + f_2(S_t,\ t)dt + \frac{\sigma^2 S_t^2}{2}f_{11}(S_t,\ t)dt$$

のように表記されるが、式５の積み上げ手順を、より簡潔な形で表現したにすぎない。

(2) ロジック②に基づくBSフレームワークの導出

CAPMと整合的な株とオプション価格の挙動は以下のように書ける。

$$dS_t = (r + m\sigma\rho)S_t dt + \sigma S_t dB_t$$
$$dF_t = (r + m\eta_t\rho)F_t dt + \eta_t F_t dB_t$$

マーケットリスク見合いのリスクプレミアム

- B_t　実世界での標準ブラウン運動
- ρ　市場ポートフォリオと株価の相関
- m　市場ポートフォリオのリスクプレミアム
- σ　株価のボラティリティ（一定）
- η_t　オプション価値のボラティリティ（状況依存し、定数でない）

上記の「実社会での株とオプション価格の望ましい挙動」をそのまま「オプションプライシング公式」にすることもできる。

$$F_0 = \mathrm{E_P}\left[\mathrm{e}^{-\int_0^T (r+m\eta_u\rho)\mathrm{d}u} f\left(S_0\,\mathrm{e}^{(r+m\sigma\rho-\sigma^2/2)T+\sigma B_T},\ T\right)\middle| S_0\right]$$

状況依存するディスカウントレート　　リスクプレミアムを加味した株価成長率

（式９）

式９を解けば、我々が通常使っている理論から導かれるのと同じ理論価格が求まるが、労力がかかるわりに精度もよくなく、そのような手法を使うメリットはほぼ全くない（２章３⑵のコメントに対応）。Feynmann-Kac公式というものを用いることで式９をもっと使い勝手の良い形に変形することができる。

Feynman-Kac公式

（Feynman-Kac公式は純粋に数学の公式であるが、（　）内にオプション評価の文脈での対応するイメージを示す。）

ある一時点T（満期）での関数形f（S, T）（満期における株価Sのときのオプション価値）がわかっていて、

$$\mathrm{d}S_t = \mu(S_t,\ t)\mathrm{d}t + \Sigma(S_t,\ t)\mathrm{d}B_t$$ （ただし、B_tは標準ブラウン運動）

（株価Stのドリフトがμ、ボラティリティがΣ）

であるときの

$$f(s,\ t) = \mathrm{E}\left[\mathrm{e}^{-\int_t^T V(S_u,u)\mathrm{d}u} f(S_T,\ T) \mid S_t = s\right]$$

（オプション価値に適用すべき割引率をVとした場合の時点t、株価sでのオプションの割引現在価値）

は偏微分方程式

$$f_2(s,\ t)+\mu(s,\ t)f_1(s,\ t)+\frac{1}{2}\Sigma(s,\ t)^2 f_{11}(s,\ t)-V(s,\ t)f(s,\ t)=0$$

（式10）

の解と一致する。

式９で前提とされていたのは

$$\begin{cases} \textit{原証券のドリフト項の係数} = (r+m\sigma\rho)S_t \\ \textit{原証券の拡散項の係数} = \sigma S_t \\ \textit{オプションのディスカウントレート} = r+m\eta_u\rho \end{cases}$$

（$=r+m\sigma\rho S_t f_1(S_t,\ t)/f(S_t,\ t)$ であることを導ける）

なので、これらをFeynman-Kac公式の μ（S_t, t），Σ（S_t, t），V（S_t, t）であるとすると、式10は

$$f_2(s,\ t)+(r+m\sigma\rho)sf_1(s,\ t)+\frac{1}{2}\sigma^2 s^2 f_{11}(s,\ t)-\left(r+\frac{m\sigma\rho s f_1(s,\ t)}{f(s,\ t)}\right)f(s,\ t)=0$$

（式11）

となる。式11の$m\sigma\rho$依存項ふたつはキャンセルし、BSの偏微分方程式（式６）が得られることが簡単にわかる。つまり、CAPMから素直に定式化した「オプション・プライシング公式」式９は一見リスクプレミアムに依存しているが、その解はリスクプレミアムに依存しないことを、ここでも、厳密な形で導くことができた。

補論 5

CB・転換型種類株式のさまざまな条項と評価

第４節への補遺

CB、転換型種類株式にはさまざまな追加的な条項が付加されるケースも多い。第１節(3)で述べたように発行体側に選択の余地（やや混乱をもたらす可能性があるが、以降発行体オプションと呼ぶ）を与えると理論価格は下がり、保有者側に選択権（同「保有者オプション」）を付与した場合、理論価格を上げる効果をもつということを大原則として再確認しておきたい。

図表２－131　誰の選択肢を広げるかが理論価格へのインパクトの方向性を決定する

	例	他の条件が同一の場合、条項を付与すると
発行体オプション	ソフト・コール ハード・コール	理論価格は下がる（または変化しない）
保有者オプション	プット	理論価格は上がる（または変化しない）
自動的に適用される条項	転換価額修正	理論価格の変化方向はケース・バイ・ケース （下方修正は理論価格を上げる）

発行体オプションや保有者オプションを追加しても以下のようなケースでは理論価格が変化しない。

図表2－132　理論価格を変化させない場合

	理論価格が変化しないケース
発行体オプション	新たに与えられた選択肢を選択した場合のCB・種類株式の価値が選択肢を付与する前の理論価格より常に高い、もしくは同一
保有者オプション	新たに与えられた選択肢を選択した場合のCB・種類株式の価値が選択肢を付与する前の理論価格より常に低い、もしくは同一

たとえば、CBにしばしば付与されるソフト・マンダトリー条項および現金決済条項は発行体オプションに分類されるが、これらの条項を行使したとしてもCBから得られる経済的価値自体はほぼ変わらず、キャッシュで帰ってくるか株式で帰ってくるかだけが変更される。

図表2－133　ソフト・マンダトリー条項や現金決済条項は投資家に与えるエコノミーをほぼ変化させないため、理論価格への影響がないという整理も合理的

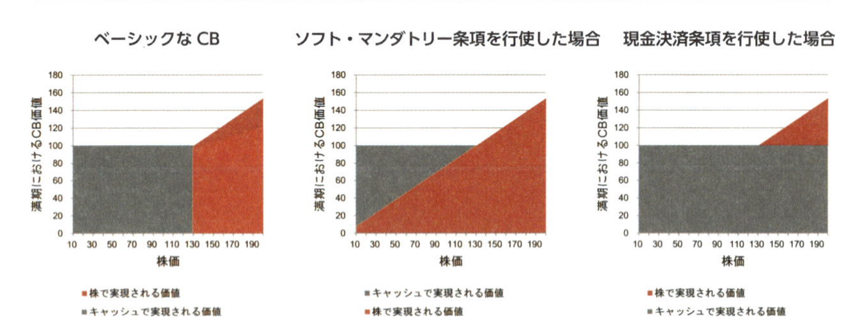

このため、CBの理論価格はソフト・マンダトリー条項や現金決済条項を付与してもほとんど変化しないと考えられるし、現実のマーケットもおおむね整合的な評価を行っている[21]。

21　ただし、厳密にはソフト・マンダトリーの有無によって投資家にとってのエコノミーに若干の相違がある。

(1) コール条項

コール条項とは、満期を待たずして、あらかじめ指定された金額でCB・種類株式を強制的に買取りすることを発行体側が選択できるような権利を表す条項である。

図表２－134　コール条項の例

- 20YY年MM月DD日以降、当社はその選択により、本新株予約権付社債の所持人に対して、当該30連続取引日の末日から15日以内に償還日から30日以上60日以内の事前の通知を行ったうえで、残存する本社債の全部（一部は不可。）を本社債額面金額で償還することができる。

株価条件がこのようなついていないコール条項はハード・コールと呼ばれる。対して、株価がいくら以上、という条件がついている場合、ソフト・コールと呼ばれる。

コール条項はツリー・格子上で、

発行体は、
①コールしたときに実現される価値<②コールしなかったときに実現される価値
であればコールを選択する

と仮定して処理することが合理的である。①の「発行体にコールを選択されたときに投資家が実現する価値」は、たとえば上記の例では額面（以下、額面＝100円で説明する）になりそうにも思えるがそうとも限らない。株価が高ければ、通知期間中に転換権を行使することで、100円を上回る価値を手に入れることができる。したがって、たとえば図表２－135の２つの価値曲線のmin演算をとることで、ノード上のバリューを以下の赤いラインのバリューに置き換える、といった操作を行うことになる。

図表２－135　コール条項は発行体の裁量の余地を広げる

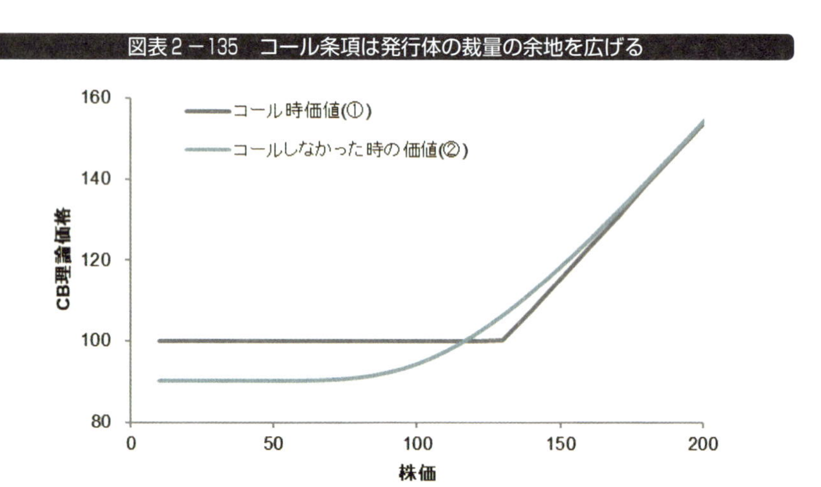

図表２－136　発行体がコール条項を経済合理的に行使した場合に投資家が実現できる価値

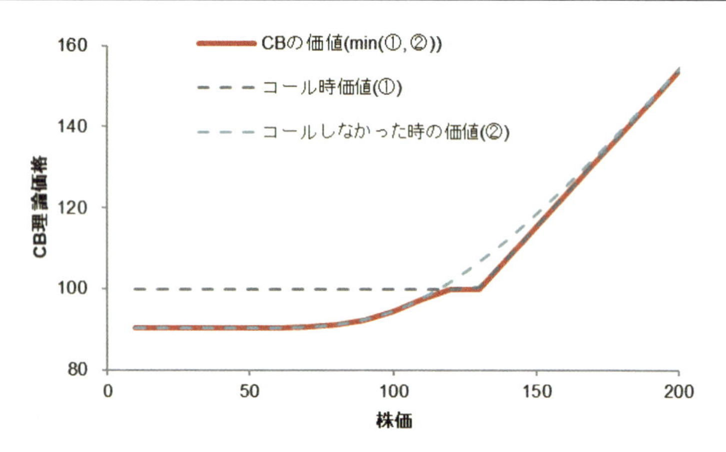

(2) プット条項

満期を待たずして、あらかじめ指定された金額でCB・種類株式を強制的に買取りすることを保有者が発行体に要求できるような権利を表したのがプット条項である。

図表２－137　プット条項の例

- 本新株予約権付社債の所持人は、20YY年MM月DD日において、本社債額面金額で当該本社債の償還を当社に対して請求することができる。

発行体は行使に備えたキャッシュの手当てをする必要があるため、プット条項の行使可能期間はコール条項と比べて限定的である傾向がある。

プット条項はツリー・格子上で、

保有者は、
①プットしたときに実現される価値＞②プットしなかったときに実現される価値
であればプットを選択する

と仮定して処理することが合理的である。たとえば、図表２－138の２つのラインを比較して、

図表２－138　プット条項は投資家サイドの選択肢を広げる

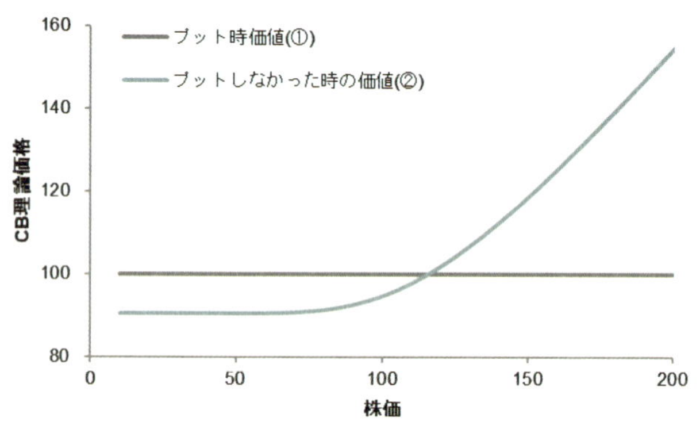

両者のmax演算をとることで、ノード上のバリューを以下の赤いラインのバリューに置き換える、といった操作を行うことになる。

図表２－139　プット条項の合理的な行使により投資家が実現できる価値

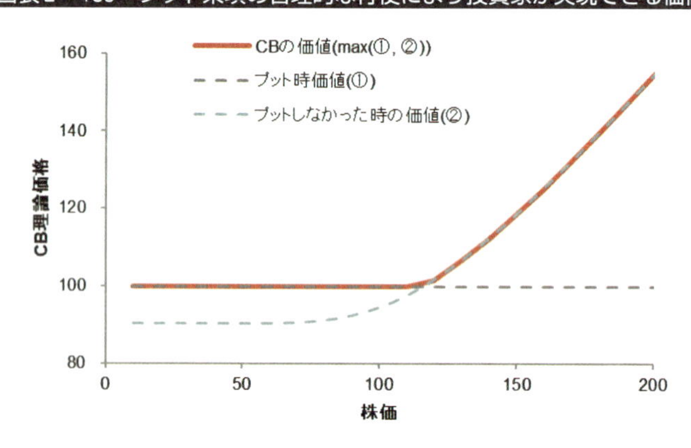

(3) 転換価額修正（リセット）条項

あらかじめ指定された修正日に、転換価額が計測期間の株価平均にある乗数を乗じたものに修正される（ただし、上限と下限の範囲内で）、というのが転換価額修正条項の基本形である。

図表２－140　転換価額修正条項の例

- 転換価額は、20YY年mm月dd日以降、20YY年MM月DD日までの30連続取引日の終値の平均値の１円未満の端数を切り上げた金額（以下「決定日価額」という）に修正される。
- ただし、決定日価額が決定日に有効な転換価額の80%（以下「下限転換価額」という）を下回る場合には、転換価額は下限転換価額とし、
- 決定日価額が決定日に有効な転換価額の120%（以下「上限転換価額」という）を下回る場合には、転換価額は上限下限転換価額とする。

図表２－140の例のように上限および下限が存在する場合、修正時の株価平均と修正後の転換価額の関係は以下のようなかたちになる。

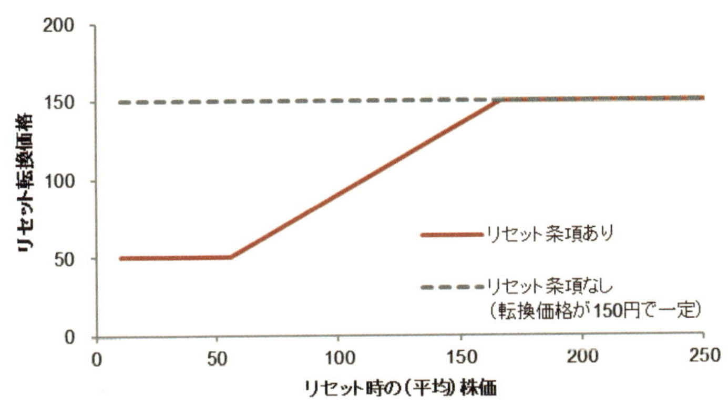

これを式で書くと

$$\text{転換価額} = \min\text{（上限、}\max\text{下限、株価平均)）}$$

となる。CB・種類株式の転換時価値は

$$\text{額面} \times \frac{\text{株価}}{\text{転換価額}}$$

であったので、修正直後に転換権を行使した場合に保有者が実現する価値は近似的に

$$\text{額面} \times \frac{\text{株価}}{\min\text{（上限、}\max\text{（下限、株価平均)）}}$$

という若干ややこしい式で表されることになる。これを図示すると以下の赤いラインのようになる。

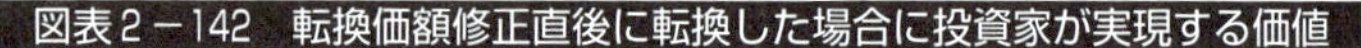
図表2－142　転換価額修正直後に転換した場合に投資家が実現する価値

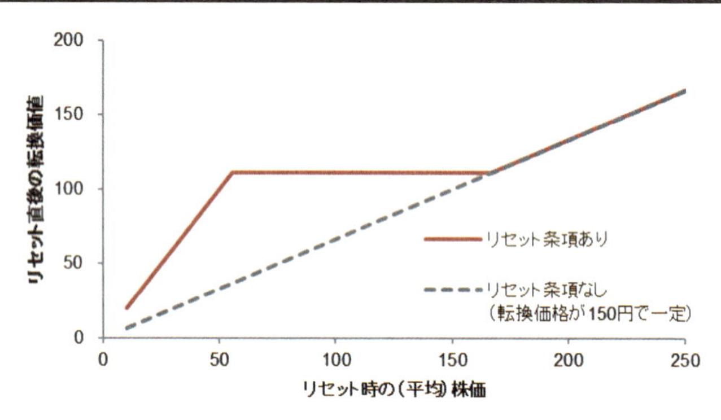

修正条項がなかった場合に転換権を行使した場合の価値は破線のような直線であるので、転換価額修正条項は保有者が実現する価値を大幅に変更しうるものであることがわかる。

【参考文献】

(1)オプション評価の標準フレームワークについての基本的な文献

Black, Fischer; Myron Scholes（1973）. "The Pricing of Options and Corporate Liabilities". Journal of Political Economy. 81（3）: 637–654

Karatzas, Ioannis, and Steven Shreve. Brownian motion and stochastic calculus. Vol. 113. Springer Science & Business Media, 2012.

Black-Scholes model with jump to defaultについて

Takahashi, Akihiko, Kobayashi, Takao and Nakagawa, Naruhisa,（2001）, Pricing Convertible Bonds with Default Risk: A Duffie-Singleton Approach, No CIRJE-F-140, CIRJE F-Series, CIRJE, Faculty of Economics, University of Tokyo

(2)一般均衡論の立場からの整理

Lengwiler, Yvan. Microfoundations of Financial Economics: An Introduction to General Equilibrium Asset Pricing. Princeton University Press, 2006.

Blume, Lawrence and Easley, David,（1992）, Evolution and market behavior, Journal of Economic Theory, 58, issue 1, p. 9-40,

(3)数値解法の文献

Smith, Gordon D. Numerical solution of partial differential equations: finite difference methods. Oxford University Press, 1985.

M. Pooley, David & R. Vetzal, Kenneth & Forsyth, Peter.（2002）. Convergence remedies for non-Smooth payoffs in option pricing. Journal of Computational Finance. 6. . 10.21314/JCF.2003.101.

https://en.wikipedia.org/wiki/Finite_difference_method

https://en.wikipedia.org/wiki/Crank%E2%80%93Nicolson_method

第3章

会社法における企業価値の算定・新株予約権の価値の算定

神田 秀樹

1 会社法における企業価値の算定と株式の価値の算定

(1) 企業価値の算定と株式の評価

本書は、主として上場企業を念頭に置いて論じるものであるが、法律上さまざまな局面で、企業の価値の算定や企業が発行する株式の評価が問題となる。

会社法において企業価値の算定や株式の評価が問題となる場合としては、まず、企業買収（M&A）がその典型である。企業買収が企業の売買である以上、売買の対象となる企業の価値を算定する必要がある。この場合、売買価格は最終的には売主と買主との間の合意で決まるのであるから、企業価値を一義的に算定する必要があるわけではない。

次に、株式の価値の算定が会社法上問題となる場合がさまざまに存在する。次に述べる募集株式の有利発行が問題となる場合が典型的な例であり、有利発行該当性が訴訟で争われた例は少なくない。また、これとは別に、非訟事件において裁判所が株式の価値を算定しなければならない場合が多い（会社法870条4号参照）。合併や事業譲渡等に関する株主総会決議で反対した株主が株式買取請求をした場合がその例である（同法786条2項・798条2項・807条2項・470条2項）。これは、上場会社等の株式のように市場価格のある株式についても問題となる。このほか、いわゆる二段階キャッシュアウト（後述する）における二段階目の全部取得条項付種類株式の取得における価格決定（同法172条）（平成26年会社法改正施行前）や売渡株式等の売買価格の決定（同法179条の8第1項）・株式併合において株式買取請求がされた場合における価格決定（同法182条の5第2項）（これら2つは平成26年会社法改正施行後）でも問題とされてきている。

なお、実務では、組織再編（合併、会社分割および株式交換・株式移転）の場合に会社法によって作成と備置きが要求される組織再編対価の相当性に関する書面（いわゆる比率算定理由書）が問題となるが、対価の相当性をめぐって紛争が生じれば、多くの場合、それは株式の公正な価格の問題として取り扱われることになる。また、会社法や金融商品取引法に直接の規定があるわけではないが、株式公開買付けにおける価格の相当性が問題となることが少なくない。これも、紛争が生じれば、多くの場合、株式の公正な価格の問題として取り扱われることになる。

近年、日本の裁判所では、上場会社の株式のように、その株式について市場価格が存在する場合には、その株価を出発点として一定の時点（算定基準時）におけるその株式の公正な価格を決定するという実務が定着しつつある。

⑵ 募集株式の発行等に関する会社法の規律

会社法は、授権株式制度を採用している。これは、会社が将来発行する予定の株式の数（「発行可能株式総数」という）をあらかじめ定款で定めておき（会社法37条１項２項）、株式会社は、その「授権」の範囲内であれば、株式発行のつど株主総会決議を経ることを必要としないで、取締役会決議等により株式を発行することを認める制度である（実務では「授権資本制度」ともいう）。

株式の発行は既存の株主の利益に影響を及ぼすが、発行のつど株主総会決議を要求することとすると、市場の状況等に応じた機動的な株式発行を行うことができず、機動的な資金調達を阻害し、結局は株主のためにもならないおそれがある。そこで、会社法は授権株式制度を認めている。しかし、会社の設立時には授権株式数（発行可能株式総数）の少なくとも４分の１は株式を発行しなければならず（会社法37条３項本文）、また、定款の変更により既存の授権株式数を増加する場合にも、発行済株式総数の４倍までしか増加できない（同法113条３項。なお同条１項２項）。ただし、会社法上の非公開会社（「全株式譲渡制限会社」ともいう。同法２条５号参照）ではこのような制約はない（なお、新株予約権との関係での授権株式数については、同法113条４項、種類株式につき114条、公開会社の議決権制限株式の場合につき115条参照）。このように授権の限度を法定する理由は、取締役会等に無限の数の株式発行権限を認めるのは濫用のおそれがあると考えられることと、授権株式制度は授権後に登場する将来の株主の意思を反映していないこと等にあるといえるが、新株発行により既存の株主が被る持株比率の低下（持株比率の希釈化）の限界を画するという点も重要である。

問題は、授権の範囲内で取締役会決議により新株発行が行われたような場合に、既存の株主は何ら文句がいえないかどうかである。会社法は、新株発行によって既存株主に経済的な不利益が生じる場合には、取締役会等限りで新株発行を決めることはできないとしている（会社法199条３項・200条１項・201条１項・309条２項５号参照）。また、仮に払込金額（「発行価額」ともいう）が公正であっても、既存株主の被る持株比率の低下という不利益に対処するために、会社法は、非公開会社については株主割当て以外の発行には株主総会の特別決議を要求し（同法199条２項·200条１項·202条５項）、公開会社における支配株主の異動をもたらす発行について一定の場合に株主総会の普通決議を要求し（同法206条の２）、さらに、「著しく不公正な方法」による新株発行は差止事由とする（同法210条２号）。

⑶ 新株の有利発行に関する規制

既存株主の利益保護のため、株主割当て以外の方法で新株を「特に有利な払込金額」で発行する場合（「有利発行」という）は、株主総会の特別決議が必要となる。会社法上の公開会社（会社法２条５号。上場会社はすべてこれに該当する）では、通常は取締役会決議で払込金額を定めるので、その額が募集株式を引き受ける者に「特に有利な」金額である場合には、募集事項の決定は株主総会の特別決議が必要になる（同法199条２項・201条１項・309条２項５号）。公開会社・非公開会社とも、株主総会決議（の特別決議）で払込金額の下限だけを定めて具体的な決定を取締役会決議（取締役会設置会社以外では取締役）に委任することができるが（同法200条１項・309条２項５号）、その場合の委任の有効期間は１年間である（同法200条３項）。いずれの場合も、株主総会で有利発行を必要とする理由が説明される（同法199条３項・200条２項）。

上記の「特に有利な払込金額」（2005年改正前商法では「特に有利な発行価額」とされていた）が何かは、むずかしい問題である。第一に、一般に、公正な発行価額（通常は時価）を基準として1割程度低くても「特に有利」とはいえないと解されてきた（東京高判昭和46年１月28日高裁民集24巻１号１頁）。第二に、一時的に株価が高騰しているような場合には、一時的に高騰した時価ではなく、一定期間の平均値などの株価を基準として考える（大阪地決平成２年６月22日判例時報1364号100頁、東京地決平成16年６月１日判例時報1873号159頁など参照）。なお、日本証券業協会「第三者割当増資の取扱いに関する指針」（2010年４月１日）は、会員である証券会社（金融商品取引業者）向けのルールとして、次のように定めている。

日本証券業協会「第三者割当増資の取扱いに関する指針」（2010年４月１日）

１．会員は、上場銘柄の発行会社（外国会社を除く。）が我が国において第三者割当（企業内容等の開示に関する内閣府令第19条第２項第１号ヲに規定する方法をいう。）により株式の発行（自己株式の処分を含む。以下同じ。）を行う場合には、当該発行会社に対して、次に定める内容に沿って行われるよう要請する。

(1)　払込金額は、株式の発行に係る取締役会決議の直前日の価額（直前日における売買がない場合は、当該直前日からさかのぼった直近日の価額）に0.9を乗じた額以上の価額であること。ただし、直近日又は直前日までの価額又は売買高の状況等を勘案し、当該決議の日から払込金額を決定するために適当な期間（最長6か月）をさかのぼった日から当該決議の直前日までの間の平均の価額に0.9を乗じた額以上の価額とすることができる。

⑵ 株式の発行が会社法に基づき株主総会の特別決議を経て行われる場合は、本指針の適用は受けない。

2．会員は、1．⑴のただし書により払込金額が決定されるときには、発行会社に対し、株式の発行に係る取締役会決議の直前日の価額を勘案しない理由及び払込金額を決定するための期間を採用した理由を適切に開示するよう要請する。

第三に、特定の第三者に事業提携等の目的で発行される場合であって、その提携等による効果が発行前に株価に反映された場合には、反映前の株価を基準に発行しても「特に有利」には該当しない（東京高判昭和48年7月27日判例時報715号100頁。2005年改正前商法211条ノ11（会社法212条1項1号に相当）が問題となった事例）。

⑷ 株式買取請求権が行使された場合における公正な価格の算定

制度の趣旨

合併・会社分割・株式交換および株式移転（以下、「組織再編」と呼ぶ）の場合の反対株主の株式買取請求権制度は、組織再編を実施するか否かは多数決で決定するが、多数決で実施することが決定された場合において、反対した株主に、投下資本の回収と一定の範囲で損失のてん補を認めて経済的救済を与えるため、その所有する株式を会社に公正な価格で売却して会社から退出する機会を与えた制度である。この場合における反対株主の退出価格（持株を買い取ってもらう価格）について、2005年改正前商法は、買取価格を「（組織再編を承認する株主総会の）決議ナカリセバ其ノ有スベカリシ公正ナル価格」と規定していたが、会社法は単に「公正な価格」と表現を改めた（会社法785条1項・797条1項・806条1項）。この改正については、反対株主に対しては、組織再編がなかったならばあったであろう価格（なかりせば価格）だけでなく、組織再編がシナジーを発生させる場合には組織再編により生じるシナジーの公正な分配まで（シナジー分配価格）を保障しようとする趣旨であると説かれている。その結果、具体的な事例が「なかりせば」事例であるか「シナジー分配」事例であるかによって裁判所が行う作業は異なると説かれている。

実際に裁判所が行う作業にかんがみると、株式買取請求権制度の趣旨としては、資本多数決で決定された組織再編が実施されることはそれとして認め、①（それを前提として）反対株主の退出を保障し、反対株主が有する企業価値の持分割合相当分を退出価格とするとともに（ここでは「部分清算」という）、②比ゆ的な表現になるが、多数株主の忠実義務違反に基づく損害ないし不利益（以下、「損害」という）のてん補を認めるものであるとでも表現したほうがベターである。①は常に認められ、②は「損害」が認定できれば認められる。

このことを「なかりせば」事例と「シナジー分配」事例（後者は「公正比率」事例というほうがベターと思われるので、以下そう呼ぶ）とについて考えると、まず第一に、概念としては、①（部分清算）については、どちらの事例にも共通するものである。他方、②（損害てん補）については、合併においてその消滅会社の反対株主が株式買取請求権を行使する場合を例にとると、「なかりせば」事例とは、合併の決議による消滅会社の企業価値の毀損により反対株主に生じる損害をてん補するものであり、「公正比率」事例とは、当該合併の決議による消滅会社株主へのシナジー分配（通常は合併比率）が公正でないために、公正な場合との差額として生じる株式価値の毀損という損害をてん補するものである。第二に、「公正な価格」の決定は、非訟事件であり（会社法868条以下）、裁判所の合理的な裁量に委ねられるが、裁判所の作業という見地からすると、①の観点からの価格算定はおよそ買取価格決定の申立てがあった場合には常にしなければならない作業であるのに対して、②の観点からの価格算定（すなわち「損害」の算定）は常にしなければならない作業ではなく、①もそうであるが、特に②は理想的な条件での組織再編行為を創造する作業が求められるため、当事者の主張立証に依存する（同法869条・870条参照）。

買取価格算定の基準時

近年、最高裁は、上場株式の事例について、株式買取請求権の行使日をもって買取価格の算定基準時であるとした。すなわち、「公正な価格」とは、「なかりせば」事例では、原則として、株式買取請求がされた日における、組織再編を承認する旨の株主総会決議がされることがなければその株式が有したであろう価格をいい（最決平成23年4月19日民集65巻3号1311頁、最決平成23年4月26日判例時報2120号126頁）、それ以外の事例の場合には、原則として、組織再編契約ないし計画において定められていた比率が公正なものであったならば株式買取請求がされた日においてその株式が有していると認められる価格をいう（最決平成24年2月29日民集66巻3号1784頁）。なお、「公正な価格」を算定するにあたって参照すべき市場株価として、株式買取請求がされた日における市場株価やこれに近接する一定期間の市場株価の平均値を用いることは裁判所の裁量の範囲内にある（上記最決平成24年2月29日）。

(5) キャッシュアウトにおける価格の算定

キャッシュアウト制度の概要

キャッシュアウトとは、少数株主を、金銭を交付することで解消することをいう。会社を100％子会社とする手段であるといってもよい。上場会社についていえばその会社を非上場化するための手段となる。典型的には、MBOや企業買収において、対象会社を完全子会社化するために、その所有する株式の売却に同意しない反対株主の株式をその株主の意思にかかわらず強制的に買い取ってその株主を退出させることをいう。

MBO（Management Buyout）とは、上場会社において、経営者等がプライベート・エクイティ・ファンド等の投資ファンドや金融機関から資金を得て、その会社の支配権を取得してその会社を非上場化し、数年かけて企業価値を高めて再上場を図る（投資ファンド等はこれにより資金回収をする）という手法である。通常は、第一段階として、ファンド等から資金を得た受皿会社が公開買付け（金融商品取引法27の２以下）の方法で対象会社の株式の取得を試み、これで取得できなかった残りの株式を、第二段階として、全部取得条項付種類株式制度を利用していわば強制的に取得するということが行われる（いわゆる二段階キャッシュアウト）。典型的には、公開買付け後に定款を変更してすべての普通株式を全部取得条項付種類株式とし、次に会社が新規に発行する株式を対価として全部取得条項付種類株式を取得するが、一般株主には端数株が対価として交付されるように設計しそれを現金化して交付する（会社法234条参照）。

このような二段階キャッシュアウトは、MBOの場合だけでなく、友好的な企業買収の手法としてもよく用いられる。買収者は、第一段階として公開買付けの方法で対象会社の株式の取得を試み、これで取得できなかった残りの株式を、第二段階として、全部取得条項付種類株式制度を利用して強制的に取得する。

なお、2014年会社法改正後は、第二段階は、仕組みが複雑な全部取得条項付種類株式を使うのではなく、第一段階の株式公開買付けにより90％以上を取得できた場合は特別支配株主の株式売渡請求（会社法179条以下）、90％未満の取得にとどまった場合は端数を生じる株式の併合（同法180条以下）によって実施されることが実務上定着しつつある。価格に不満な株主は、前者では裁判所に対して売買価格決定の申立てをし（同法179条の８）、後者では反対株主の株式買取請求権を行使することになる（同法182条の４・182条の５）。

特別支配株主の株式等売渡請求制度

2014年会社法改正は、特別支配株主の株式等売渡請求制度を新設した（会社法179条～179条の10)。これは、議決権の10分の９以上を直接・間接に保有する株主（特別支配株主）に、いつでも、その一方的な請求により、強制的に、他の株主の株式を金銭を対価として買い取ることを認める制度である。このような少数株主を解消して会社を100％子会社とする仕組み（キャッシュアウト）は、会社法のもとでは、金銭を対価とする合併や株式交換、全部取得条項付種類株式の取得、株式の併合などを利用してこれを行うことが可能である（なお、日本では、金銭を対価とする合併や株式交換は原則として課税されるため、実務では、2014年改正前は、もっぱら全部取得条項付種類株式の取得が使われてきた)。しかし、これらの方法はいずれも株主総会の特別決議を要する（略式等の手続による場合を除く）のに対して、特別支配株主の株式等売渡請求は株主総会決議なしでキャッシュアウトを達成できるので時間と費用を節約できる。法的には、株式を買い取るのが会社ではなく特別支配株主である点が上記ほかの方法の場合と異なることに留意する必要がある。

2014年会社法改正後の全部取得条項付種類株式の取得および株式の併合

2014年会社法改正は、MBO等において使われる全部取得条項付種類株式の取得について、合併等の組織再編の場合と比べて情報開示等の規律が不十分であったことを改善し、事前・事後の情報開示を要求するとともに（会社法171条の２、173条の２)、差止請求権制度を新設する（同法171条の３）などの改正をしたが、これにあわせて、株式の併合（単元株式制度を採用する会社では単元レベルで端数が生じる場合に限られる）がMBO等に使われる可能性にかんがみ、そのような株式の併合についても、事前・事後の情報開示を要求するとともに（同法182条の２・182条の６)、差止請求権制度を新設し（同法182条の３)、さらに、端数が生じる場合については、反対株主の株式買取請求権を新設した（同法182条の４・182条の５)。この結果、2014年会社法改正後は、MBO等の二段階買収においては、仕組みが複雑な全部取得条項付種類株式を使うのではなく、第一段階の株式公開買付けにより90％以上を取得できた場合は特別支配株主の株式売渡請求（同法179条以下)、90％未満の取得にとどまった場合は端数を生じる株式の併合（同法180条以下）によって実施されることが実務上定着しつつある。価格に不満な株主は、前者では裁判所に対して売買価格決定の申立てをし、後者では反対株主の株式買取請求権を行使することになる（前述）。

2014年会社法改正施行後に、二段階買収において第一段階の公開買付けで90％を取得した買収者は、残りの株主をキャッシュアウトする方法として、特別支配株主の株式売渡請求と端数を生じる株式の併合とで優劣はあるか。株式の併合の場合は株式を買い取るのは会社であり、株式売渡請求の場合は株式を買い取るのは特別支配株主である。また、後者の場合には新株予約権なども買い取ることができる。

裁判所による取得価格の決定～全部取得条項付種類株式の取得

2014年会社法改正により、価格決定申立てをすることができる期間が、改正前は「総会日から20日以内」であったのが「取得日の20日前の日から取得日の前日まで」と改められた（会社法172条１項。会社による通知または公告につき、同法172条２項３項）。会社は裁判所の決定した価格に取得日後の年６％の利息を付して支払わなければならないが（同条４項）、会社が公正な価格と認める額を支払うことにより利息の支払を防止することができる（同条５項）。なお、年６％の利息については、2017年民法改正（2020年４月１日施行予定）により、民事・商事の法定利率が一本化され、かつ、３年ごとに法務省令で定められる変動利率となるので、ここでも同改正の施行後はこれが適用されることになる。

判例は、「取得価格の決定申立制度において裁判所が決定すべき取得価格とは、取得日における公正な価格をいい、裁判所は、取得日における当該株式の客観的時価に加えて、強制的取得により失われる今後の株価上昇に対する期待を評価した価額をも考慮するのが相当であり、取得価格の決定は、記録に表れた諸般の事情を考慮した裁判所の合理的な裁量に委ねられる」という（東京高決平成20年９月12日金融商事判例1301号28頁（レックスホールディングス)。最決平成21年5月29日金融商事判例1326号35頁により抗告棄却)。なお、この事例では、裁判所は、MBOがなかったとした場合の客観的価値に、MBOにより増大が期待される価値のうち申立株主が享受してしかるべき価値として20%を加算した。

その後、公開買付けを第一段階とする二段階キャッシュアウト(公開買付けを第一段階として第二段階で残った一般株主を金銭対価で強制退出させること)の事例において、最決平成28年7月1日民集70巻6号1445頁(ジュピターテレコム)(公開買付価格を超える価格を取得価格と決めた地裁・高裁決定を破棄)と東京高決平成28年3月28日金融商事判例1491号32頁(公開買付価格を超える価格を取得価格と決めた地裁決定を取消し)の高裁は、第二段階の全部取得条項付種類株式の取得価格を第一段階の株式公開買付けの価格と同じと決定した。最高裁は「一般に公正と認められる手続により……公開買付けが行われ、その後に……会社が上記買付け等の価格と同額で全部取得条項付種類株式を取得した場合には、……〔そ〕の基礎となった事情に予期しない変動が生じたと認めるに足りる特段の事情がない限り、裁判所は、上記株式の取得価格を上記公開買付けにおける買付け等の価格と同額とするのが相当である」と判示した。

なお、これらは、第一段階の株式公開買付けが公表された時点と第二段階の全部取得条項付種類株式の取得時点との間に株式市場および対象会社の株価が上昇していた事例であり、また、いずれの事例も、公開買付けの前の時点において、すでに支配株主が存在していた会社に関する事例である。さらに、いずれの事例においても、第一段階の株式公開買付けが公表された時点よりも後、全部取得条項付種類株式の取得に係る株主総会の議決権の基準日以後に市場で株式を取得して全部取得条項付種類株式の取得価格決定の申立てをした者についても価格決定が認められた。裁判所に持ち込まれた株式買取請求の価格決定の場合と全部取得条項付種類株式の取得価格決定の場合、そして特別支配株主の売渡請求に係る価格決定の場合とで、算定基準日が異なってよいかという問題もあり、金銭対価の強制退出であるキャッシュアウトの場合には、そろえて考えたほうがよいと考えられる。

公開買付けを第一段階とする二段階キャッシュアウトの場合については、いわゆる強圧性とフリーライドの問題から第二段階の価格は原則として公開買付けの価格と同じであることが望ましい。ただし、第一段階の公開買付けの価格が公正であることが前提であり、裁判所が第一段階の公開買付けの価格が低すぎると考えた場合には第二段階の価格を公開買付けの価格よりも高く決定することになる（前述した最決平成21年５月29日参照）。親会社が上場子会社を非上場化・完全子会社化するようなキャッシュアウトの事例では、MBOの場合と類似の構造的な利益相反があるということができ、第一段階の公開買付けの価格が公正であるかについて厳格な審査が求められるべきである。

株式買取請求権との関係

2014年会社法改正前は、株主が定款変更に反対して株式買取請求権を行使した場合（会社法116条１項・117条２項）、同請求に係る株式の買取りの効力が生じる代金支払時（2014年改正前会社法117条５項参照）までの間に、株式を全部取得条項付種類株式とする旨の定款変更がされ、株式の取得日が到来したときは、会社による株式取得の効果が生じ（会社法173条１項）、株主は株式を失い、買取価格決定の申立て（同法117条２項）の適格を失うとされていた（最決平成24年３月28日民集66巻５号2344頁）。したがって、不満な株主の救済手段は価格決定申立て（同法172条１項）だけということになっていた。2014年改正は、株式買取請求に係る株式の買取りの効力が生じる時を定款変更の効力発生日と改めた（同条６項）。この結果、2014年改正後は、価格に不満な株主の救済は株式買取請求権によることとなる。

全部取得条項付種類株式を用いた二段階買収において第一段階の公開買付けの価格が公正であったと認められる場合に、第二段階の取得価格は公開買付けの価格と同じであるべきと解した上記の最決平成28年７月１日民集70巻６号1445頁の考え方は、株式買取請求権の場合（たとえば、第二段階が株式の併合の場合）にもそのまま当てはまるか。その趣旨からすれば当てはまるというべきであるが、株式買取請求権の場合には対価が株式の事案について算定基準日を請求日とする最高裁の判例（前述した最決平成23年４月19日民集65巻３号1311頁）との関係を整理する必要がある。

⑹ 小括にかえて

近年、上場会社について、会社法上、その株式の買取価格の算定が必要になる場合において、日本の裁判所では、その会社の市場株価を出発点として一定の時点（算定基準時）におけるその株式の公正な価格を決定するという実務が定着しつつある。他方、（裁判外の）実務では、企業買収（M&A）などの場面において、自らの会社の価値や相手方会社の価値を評価する場合には、第１章で解説されている方法が採用される。しかも、第１章で述べられている複数の方法によって企業価値を評価し、市場株価が割安か割高かを検討するということが企業価値評価における重要な点であると見受けられる。また、実務では、投資家目線で評価するかどうかという観点が１つの重要な点であるように見受けられる。

裁判で問題となる株式の買取価格の算定は、「なかりせば価格」や「公正比率価格」（シナジー分配価格）の算定であって、仮定の世界（＝組織再編がなかったならばあったであろう世界または組織再編が公正な条件であったとしたらあったであろう世界）における価格の算定である。しかし、だからといって、市場株価（だけ）を使って算定することが正当化されるわけではない。

市場株価は最も容易に入手できる数値であり、また客観的な数値である（市場株価を出発点として株式の買取価値を算定するというやり方の長所と短所については、飯田秀総「株式買取請求・取得価格決定事件における株式市場価格の機能」商事法務2076号38頁以下（2015年）参照。以下の記述はこの論稿に負うところが大きい。また、有益な分析として、田中亘「総括に代えて―企業再編に関する若干の法律問題の検討」土岐敦司＝辺見紀男編『企業再編の理論と実務―企業再編のすべて』205頁以下（2014年、商事法務）参照)。その一方で、市場株価は割安である場合もあれば割高である場合もあるとすると、裁判においては、当事者が市場株価と異なる数値を主張するなら、それを証拠として提出することを認め、裁判所はそれを勘案して株式の価格を最終決定することが望ましいと考えられる。なお、企業価値に変動がある場合には、多くの場合、市場株価の変動をもって企業価値の変動とすることは（一般論としては）できない。

一般に、第１章で解説されている方法では、支配権や議決権の価値の評価は含まれない。そこで、これらを勘案する必要がある場合には、何らかの調整を行う必要がある。なお、支配権や議決権の価値が市場株価に織り込まれているとみることができる場合があるとすれば、その場合には、株式の市場株価を基礎として企業価値を算定すると支配権や議決権の価値を含めていることになる。

市場株価を基礎とすることは、「なかりせば価格」が問題となる場面では、当事者の投機的行動を抑止する機能がある。「公正比率価格」が問題となる場面では、組織再編の手続が公正なものであったときは、反対する当事者の主張を認めないことを意味する。なお、二段階買収の場合を除いて（前述したレックスホールディングス社の事件・最決平成21年５月29日参照)、組織再編の手続が公正なものでなかったときの裁判所における取扱いは、現時点では必ずしも明らかになっているとはいえない（藤田友敬「公開買付前置型キャッシュアウトと株式の取得価格」論究ジュリスト20号87頁以下（2018年）参照)。

以上の点に関連して、上場会社のMBOに係る株式取得価格決定事件においてDCF法を採用した裁判例もみられる（大阪地決平成24年４月13日金融商事判例1391号52頁)。

なお、非上場会社の吸収合併の場合の株式買取請求事件における株式の買取価格の決定について、最決平成27年３月26日民集69巻２号365頁は、収益還元法によって算定された株式の価格から非上場株式は上場株式と比べて流動性が低いことを理由とする減額（非流動性ディスカウント）をすることは相当でないと判示している。この最高裁の決定の意味を正確に理解することは容易ではない。実務では、収益還元法における割引率の算定の際に、低すぎる割引率を調整するために非流動性ディスカウントを行う場合があるからである。最高裁のこの決定は、割引率の調整のために非流動性ディスカウントを行うことを否定する趣旨ではなく、収益還元法による算定が完結した後にさらに非流動性ディスカウントを行うことは相当でないと述べたものと理解すべきである（岩原紳作＝神作裕之＝藤田友敬編『会社法判例百選〔第3版〕』185頁〔飯田秀総〕（有斐閣、2016年）参照）。

2 会社法における新株予約権と新株予約権付社債の価値の評価

(1) 新株予約権とは

新株予約権とは、2001年11月の会社法改正で新たに導入された概念であり、それを有する者（新株予約権者）が会社に対してそれを行使したときに、会社から株式の交付を受ける権利をいう（会社法２条21号）。新株予約権が行使されると、会社は新株予約権者に対して、新株を発行し、または、会社の有する自己株式を交付する義務を負うことになる。会社がライターとなって付与するその会社の株式のコール・オプションである。通常は、新株予約権の行使は、あらかじめ定めた一定期間（行使期間）内にあらかじめ定めた一定の金額（行使価額）の払込みをすることによって行う。また、新株予約権の発行は、その価値に対応した対価で（すなわち有償で）行われるのが通常であるが、無償で（対価の払込みを求めないでという意味）行われる場合もある。

昔の商法は、本文で述べたようなコール・オプションについて限定的な立場をとり、一定の場合（いわゆるストック・オプション・転換社債・新株引受権付社債の場合）にだけ、その発行を認めてきた。2001年11月商法改正は、このようなオプションを一般的に発行することを認め、それまでの商法の考え方を変更した。2001年11月商法改正は、1997年商法改正によって導入されたインセンティブ報酬としてのいわゆるストック・オプション（日本では今日でもインセンティブ報酬として付与される新株予約権をストック・オプションと呼ぶことが多い）を含めて、一般的に新株予約権という制度を導入し、これを誰に対してでも発行できるようにし、また譲渡も可能とするように規整を拡大整備した。そして、上記のコール・オプションとしての性格を有する改正前の転換社債（実務では今日でもCB（convertible bond）と呼ばれる）の転換権と新株引受権付社債の新株引受権についても、新株予約権と名称を改め、上記のコール・オプションについて全体として整合性のあるかたちに規整を改正した。なお、改正前の転換株式も転換予約権付株式と名称変更された。2005年制定の会社法は、新株予約権が株式と同様の経済的実質を有することを重視し、株式に準じて、一定の場合に新株予約権者に買取請求権を認め、また、募集新株予約権に関する規定を設け、新株予約権付社債の規制の仕方を整理するなど、新株予約権についてきわめて詳細な規定を整備した（会社法236条以下）。

日本で実際に発行される新株予約権には、次の３つのタイプがある。①インセンティブ報酬として取締役や従業員に付与する、②資金調達のために発行する（従来は新株予約権付社債が多かったが、近年はライツイシューにも使われる）、③買収防衛策として発行する。

⑵ 新株予約権の価値の評価

新株予約権についても、その価値の算定ということが会社法上問題となる場合がさまざまに存在する。株式の場合と同様である。以下では、日本でこれまで問題とされてきたインセンティブ報酬としてのストック・オプションの評価と、いわゆる有利発行該当性について述べる。

インセンティブ報酬としてのストック・オプション

1997年商法改正による制度導入以来、取締役や従業員にインセンティブ報酬として付与されてきたいわゆるストック・オプションは、その付与について、2001年11月商法改正後は、新株予約権の無償発行として、有利発行手続（株主総会決議が必要）によると解されてきた。しかし、会社法のもとでは原則として有利発行にはならないと整理されている。その実質的な理由は、ストック・オプションは取締役や従業員が働いたことに対する対価として交付されると考えるからであるが、具体的にどう法律構成するかについての見解は分かれている。

会計基準の改正により、インセンティブ報酬としてのストック・オプション（以下、「ストック・オプション」と呼ぶ）の付与について費用計上が義務づけられることとなった（企業会計基準第8号「ストック・オプション等に関する会計基準」及び企業会計基準適用指針第11号「ストック・オプション等に関する会計基準の適用指針」（2005年12月27日））。たとえば、新株予約権の価値が200円だとすると、会計的には、費用として損益計算書の左側に「費用200円」として、右側は貸借対照表の純資産の部に新株予約権200円として計上される。

この200円をどのようにして算定するか。この点について実際の例をみてみると、たとえば、トヨタは伝統型ストック・オプション（交付時の株価よりも少し高い金額を新株予約権の行使価額とするもの）の付与について2010年6月に株主総会に付議しているが、その際の招集通知における説明をみると、新株予約権の価値はブラック・ショールズ式で算定したと述べられており、その結果としての数値が述べられている。また、三菱商事は、いわゆる1円ストック・オプション（「株式報酬型」とも呼ばれ、新株予約権の行使価額を1円とするもので、その実質は株式を交付するのに等しい）の付与について2010年6月に株主総会に付議しているが、その際の招集通知における説明をみると、新株予約権の価値はブラック・ショールズ式で算定したと述べられており、その結果としての数値は示されていない。なお、行使価額を1円とするのは、会社法の規定の文言上、行使価額をゼロ円とする新株予約権は認められないと解されているからである（この制約がなければ行使価額をゼロ円とする新株予約権を交付する筋合いのものである）。

いずれのストック・オプションにおいても、行使期間が定められているが（たとえばトヨタの事例では、行使期間は2012年8月1日から2018年7月31日までと定められている）、このような一定の行使期間がある（＝アメリカン・タイプの）ストック・オプションの現在価値は、ブラック・ショールズ式では算定できないはずなのに、この点はどうなっているのであろうか。この点については、前述した会計基準適用指針第14項および第37項以下が、行使期間の中間日をもって行使日としたうえでブラック・ショールズ式で算定してよいと認めている。この結果、実務では、インセンティブ報酬としてストック・オプションを交付する場合には、この会計基準に従ってブラック・ショールズ式で新株予約権の価値を算定するということが定着しているように見受けられる。

新株予約権の有利発行

新株予約権については、会社法上、次の２つの場合が「有利発行」となり、募集事項の決定に株主総会の特別決議が必要となる（会社法238条２項・239条１項・240条１項・309条２項６号）。

①無償（払込みを要しないという意味）で発行し、それが新株予約権を引き受ける者に「特に有利な条件」である場合

②払込金額が新株予約権を引き受ける者に「特に有利な金額」である場合

募集株式の発行の場合と同様に、株主総会では有利発行を必要とする理由が説明される（会社法238条３項・239条２項）。株主総会決議で無償と定め、または有償の場合の払込金額の下限を定めて、募集事項の決定を取締役会等に委任した場合の有効期間は１年間である（同法239条３項）。

「特に有利な条件・金額」に該当するか否かは、新株予約権自体の価値を測定して、それを基準として特に有利かどうかを判断することになる。

有利発行であるとして新株予約権の発行差止めの仮処分が認められた事例として、東京地決平成18年１月17日判例集未搭載、東京地決平成18年６月30日判例タイムズ1220号110頁（サンテレホン）、札幌地決平成18年12月13日金融商事判例1259号14頁（後２者は会社法のもとでの事例）がある。

サンテレホン社の事案（上記の東京地決平成18年６月30日）の概要は、次のとおりである。Y株式会社は、発行可能株式総数は１億株、発行済株式総数

は3,500万株であり、2006年6月15日の市場株価は1株906円であった。Y社は、2006年6月16日、新株予約権を第三者割当ての方法によりAに対して336個（336万株相当分）発行する取締役会決議をした。行使期間は2006年7月4日から2008年7月3日まで、行使価額は997円と定められたが、行使価額についてはいわゆる下方修正条項が付され、また、新株予約権は取得条項(2008年7月4日以降、会社はその都合によりいつでも新株予約権を取得することができる旨の条項）付きと定められた。この新株予約権は、払込金額（発行価額）を1個当り9万1,000円としてAに発行される予定であった。既存株主Xは、裁判所に対して、この新株予約権の発行差止めの仮処分を申請した。この新株予約権の価値について、XとY社との主張は大きく対立し、Y社側専門家の評価は1個当り9万0,949円、X側専門家の評価は1個当り154万4,730円から210万5,544円であった。算定方法は、いずれも二項格子法であると述べられている。裁判所は、この新株予約権の発行は有利発行に該当すると判断し、発行に際して株主総会決議は経ていなかったので、発行差止めの仮処分を認容した。なお、裁判所は、上記の会社による取得条項について、会社は「(取得条項に基づく）取得を決定しない可能性が高い」との判断を述べている。

新株予約権付社債

新株予約権付社債とは、新株予約権を付した社債をいう（会社法2条22号。実務では今日でもCB（convertible bond）と呼ばれる)。

新株予約権付社債は、昔の転換社債と同様に社債権者に対して発行会社の株式のコール・オプションを社債発行と同時に付与するものであり、社債権者は、社債の保有者として安定的な地位を享受することができるとともに、会社の業績が上がれば新株予約権を行使して株主となることができる。会社からみれば、一般に、このようなオプションを付与する分だけ社債を低利で発行することができ、その意味でこのような社債が認められない場合と比べて資金調達手段の多様化という利益を得ることができる。従来、このような社債は社債の堅実性と株式の投機性とを併有するといわれてきたが、それは上記のような意味である。なお、このような社債は実務では広くエクイティリンク債などと総称されている。会社法は新株予約権付社債についてのみ特別の規定を置いているが、これら以外のエクイティリンク債（たとえば、いわゆる利益参加社債など）を発行することが会社法上可能かどうかについては見解が分かれている。

2001年11月商法改正前までは、商法は、転換社債と新株引受権付社債に関する規定を設けていた（2001年改正前商法341ノ２以下・341ノ８以下）。ところが、2001年11月商法改正は、新株予約権制度を新設したため（前述）、これに応じて、従来の転換社債と新株引受権付社債に関する規定を整理し直して、新しく「新株予約権付社債」に関する規定に置き換えることとした。

2001年商法改正前は、転換社債は、社債権者に対して、社債の発行後所定の期間内にその社債を所定数の社債発行会社の株式（新株）に転換することのできる権利が付与された社債として規定され、新株引受権付社債は、社債権者に対して社債発行会社の新株引受権（一定期間に一定金額を払い込むことにより新株の発行を受けることができる権利）が付与された社債であり、社債権者は、社債の発行後所定の期間内に所定の数の新株を所定の発行価額で発行するよう会社に請求する権利を有し、新株引受権を行使しても社債は残存するものとして、規定されていた。転換社債は株式に転換する権利を付した社債なので同一の証券に社債権と転換権とが表章されるが、新株引受権付社債の場合には、新株引受権を行使しても（その場合には社債の償還を新株の払込みに流用することをあらかじめ定めたときを別とすれば、現実の払込みが必要になる）社債権には影響がないので、社債権と新株引受権とを１枚の証券に表章すべき必然性はない。そこで、2001年改正前の商法は、両者を１枚の証券に表章する非分離型の新株引受権付社債と、両者を別々の証券に表章する（両者は別々に流通する）分離型の新株引受権付社債との双方を認めていた。

2001年11月商法改正は、上記のうち、①転換社債に関しては、新株予約権付社債であって、新株予約権の分離譲渡ができず、社債の発行価額と新株予約権の行使に際して払い込むべき金額（行使価格）を同額としたうえで、新株予約権を行使するときは、必ず社債が償還されて社債の償還額が新株予約権の行使に際して払い込むべき金額の払込みに充てられるものとして、規定を整備し、②新株引受権付社債に関しては、分離型の新株引受権付社債については、会社が社債と新株予約権とを同時に募集し、両者を同時に割り当てるものなので、社債の規定と新株予約権の規定が同時に適用されるものと位置づけ、格別の規定は置かないものとし、他方、非分離型の新株引受権付社債については、新株予約権付社債であって新株予約権を分離して譲渡することができないものとして、規定を整備した。なお、コール・オプションを一般的に解禁したことに伴い（前述）、この観点から課されていた改正前の新株引受権付社債に関する制限は、撤廃された。

会社法のもとでは、新株予約権付社債については、原則として、新株予約権に関する規定と社債に関する規定との両方が適用される。そして、新株予約権付社債に特別の規定が若干設けられている（詳細は省略する）。

新株予約権付社債の有利発行

新株予約権付社債の新株予約権部分について、①無償（払込みを要しないという意味）で発行し、それが新株予約権を引き受ける者に「特に有利な条件」である場合と、②払込金額が新株予約権を引き受ける者に「特に有利な金額」である場合には、新株予約権に関する規定に従い、「有利発行」として株主総会の特別決議が必要となる（会社法238条２項・239条１項・240条１項・309条２項６号）。

2005年改正前商法のもとでは、新株予約権付社債について、社債の発行価額と新株予約権の行使価格が同一であることが要求されていたため（2005年改正前商法341条ノ３第２項）、2001年11月商法改正前の転換社債と同様の商品性を維持しようとすると、新株予約権部分を無償として発行するしかなかった。たとえば、経済実質は社債部分が80円、新株予約権部分が20円であっても、100円分をもって社債の償還額として新株予約権行使の際の出資目的額とする必要があった（日本証券業協会の転換社債に関するワーキング・グループ「商法改正に伴う転換社債の取扱いについて」(2002年２月28日）参照)。そして、その場合には、新株予約権はそれ自体としては特に有利な条件での付与となるものの、その分を社債の利率等で埋め合わせたような場合には、新株予約権の公正価値を含めてその点が明らかにされていれば、有利発行には該当しないと解されてきた。この点については、会社法では、社債の発行価額（払込金額）と新株予約権の行使価額が同一であることは要求されなくなった。しかし、有利発行該当性の問題は残っている。

2001年11月商法改正前は、転換社債と新株引受権付社債につき、転換権または新株引受権の行使によって生じる新株の発行に着目して、新株の有利発行との比較で、転換社債や新株引受権付社債の有利発行が論じられる傾向が強かった。転換社債や新株引受権付社債の条件が有利かどうかは社債発行の時点で判断するしかない（有利かどうかを転換時または新株引受権行使時で判定するのでは実際上収拾がつかない）が、上記のような考え方に立つ見解からは、発行時で判断することが認められる理由として、転換時または新株引受権行使時ではなく社債の発行時に社債の応募額に相当する金銭が会社に払い込まれるからであると説明されてきた（なお、新株引受権付社債の場合は2001年改正前商法341条ノ８第３項参照)。以上のような意味で、商法は新株発行の場合の規律の考え方を変容していると説明されてきた。このような見解からは、転換社債または新株引受権付社債の発行時において転換価額または新株引受権の行使価額が株価以上でないと（バブル期にはこれを多少上回っていないと)「特に有利」となると説かれ、実務もこれに従ってきた。しかしながら、このような見解に対しては、学説上、「特に有利」かどうかは、転換権または新株引受権自体の価値を基準として判断すべきであるとの批判があった。

2001年11月商法改正は、新株予約権について一般的な規定を設けたため、新株予約権付社債の場合についても、一般の新株予約権に関する規定の考え方（前述）と整合性をとった考え方をすることが妥当と考えられている。したがって、同改正後は、コール・オプション自体（転換社債型と新株引受権付社債型とではその内容が異なることに注意）の価値を基準として、有利発行に当たるかどうかを判断するのが妥当であると解されている。

会社法のもとで、転換社債型新株予約権付社債の発行について、その有利発行該当性が争われた裁判例として、東京地決平成19年11月12日金融商事判例1281号52頁（オートバックスセブン）、名古屋地決平成20年11月19日金融商事判例1309号20頁（丸八証券）がある（実務での取扱いについては、岩間哲＝新家寛「新株予約権の「公正なオプション価額」とオプション評価モデルの選択（上）（下）」NBL988号46頁以下、989号71頁以下（2012年）が詳しい）。

オートバックスセブン社の事案（上記の東京地決平成19年11月12日）では、Y株式会社は転換社債型新株予約権付社債をＡらに対する第三者割当ての方法で発行しようとした。これによりＡらが取得する新株予約権が全部行使されると、Ａらは発行済株式総数の36.43％を取得することになる内容のものであった（なお、通常の行使価額修正条項や取得条項等も付されていた）。既存株主のXがこの発行の差止めの仮処分を申し立てた。この転換社債型新株予約権付社債の新株予約権の価値について、Xの主張とY社の主張は対立し、Y社の主張する公正価値はモンテカルロ法で算定し、１新株予約権当り198万円であるのに対して、Xの主張する公正価値は二項格子法で算定し、2603万円と1052万円との間であった。裁判所は、本件新株予約権の実質的な対価は373万円であると判定し（金融商事判例1281号56頁参照）、本件新株予約権付社債の発行差止の仮処分を認めなかった。

丸八証券の事案（上記の名古屋地決平成20年11月19日）も似た事案であり（ただし、紛争の当事者が主張した新株予約権の価値の算定方法はオートバックスセブン社の事案とは異なる）、裁判所は転換社債型新株予約権付社債の発行の差止仮処分を認めなかった。

⑶ 小括にかえて

一見すると、企業価値の評価に関する考え方とオプション（新株予約権）の評価に関する考え方とは大きく違うようにみえる。しかし、第２章で述べられているとおり、理論的には両者が異なると考えるのは間違いである。両者の根っこは同じである。

インセンティブ報酬としてのストック・オプションの評価については、アメリカン・コール・オプションであるのに、ほとんどの企業がブラック・ショールズ式で計算したと開示している。これは、企業会計基準委員会の会計処理に関する実務指針の影響と思われる。

実際に裁判で問題となった事例では、新株予約権の価値を算定する方法としては、第２章で解説されている複数の計算方法のうちのさまざまなものが使われているように見受けられる。裁判所は、当事者が用いた方法のうちで合理的と裁判所が考える方法を採用している。このことは、新株予約権に市場価格がない以上、もっともなことである。

また、実際に裁判で問題となった事例では、新株予約権に行使価格下方修正条項や取得条項が付されていた場合であることが興味深い。これらの評価が問題となるが、裁判所は、これらの条項を文字どおり考慮するのではなく、条項が適用される現実の可能性を判断することとしている。

新株予約権付社債の評価については、実際に裁判で問題となった事例では、新株予約権の価値を、新株予約権付社債の発行価格（払込金額）から社債の「不利」発行部分（普通社債を発行したと仮定した場合における利率から新株予約権付社債の利率を差し引いたもの）を差し引くという方法で、算定している。これは、会社法の条文における規定の仕方と日本証券業協会の転換社債に関するワーキング・グループの報告書（前述）の影響と思われる。これに対して、第２章で解説されているとおり、実務では、新株予約権部分と社債部分を一括して新株予約権付社債の現在価値を算定することが定着している。今後は、会社法における解釈としても、この方法が採用されてよいと思われる。

あとがき

本書の執筆に際しては、多くの方々にご支援をいただいた。

まず、西村あさひ法律事務所の武井一浩弁護士をはじめとする弁護士の諸先生方に御礼を申し上げたい。本書の原稿段階で意見交換の場を設けていただき、そこでの先生方との議論では、価値評価における定量的なロジックについてあらためて考えさせられる質問や指摘を多数いただき、論点の整理に大変有意義なものとなった。また、これを契機として、特に第2章で大幅な構成の変更を行った。武井弁護士と中山龍太郎弁護士には初期段階の原稿にも目を通していただき、貴重なコメントをいただいた。さらに、慶應義塾大学経済学部の小林慶一郎教授にはマクロ経済学に関する記述について、貴重な助言をいただいた。お忙しいなか、お付き合いいただいたこれらの先生方に心から御礼申し上げたい。

また、野村資本市場研究所の井潟正彦常務には、企画の段階から講義そして執筆段階まで終始温かく見守っていただき、時には早くまとめるように叱咤激励していただいた。そして、野村證券金融工学研究センター　クオンツ・ソリューション・リサーチ部の若手メンバーを中心としたクオンツアナリストやエンジニアの皆さんには、忙しい業務の合間を縫って、原稿執筆に際して助言やチャート・データ提供などに多くの時間と労力を費やしていただいた。これらの方々にも心から御礼申し上げたい。

さらに、本書の出発点となった2015年の東京大学法学部の演習において、さまざまな意見を出してくださった当時の学生の皆さんに感謝する。近い将来法曹界で活躍するであろう（もう活躍中かもしれない）若者たちからの鋭い指摘は、時として新鮮であり、たくさんの気付きもあった。

そして、度重なる原稿の大幅修正にも快く対応いただいた株式会社きんざい出版部の堀内駿氏のご尽力に感謝したい。

2019年９月

執筆者一同

著者略歴

神田　秀樹（かんだ　ひでき）
学習院大学大学院法務研究科教授、東京大学名誉教授。
東京大学法学部卒業。1993年から東京大学大学院法学政治学研究科教授。2016年に東京大学を退職。専攻は、商法、金融法、証券法。主著として、『会社法（第21版)』（弘文堂、2019年)、『会社法入門（新版)』（岩波新書、2015年)、『金融商品取引法概説（第２版)』（共編著、有斐閣、2017年)、『The Anatomy of Corporate Law（3rd ed.)』（共著）（Oxford University Press, 2017）など。

太田　洋子（おおた　ようこ）
野村證券株式会社金融工学研究センター長兼クオンツ・ソリューション・リサーチ部長、マネージング・ディレクター。
慶應義塾大学経済学部卒業後、野村総合研究所（NRI）入社。アジア株価指数開発、機関投資家向け株式運用コンサルティングを経て、1998年より現職。日本企業が抱える様々な課題に対して金融工学をベースとしたソリューションの提供およびコンサルティング活動に従事。2015年より金融工学研究センター長として、人工知能を活用したビッグデータ解析など先端R&D推進を担当。
共著に『株式運用と投資戦略』（きんざい)、『企業価値向上の財務戦略』（ダイヤモンド社、不動産協会優秀著作奨励賞受賞)、『企業価値向上の事業投資戦略』（ダイヤモンド社、第５回M&Aフォーラム正賞受賞）など。日本価値創造ERM学会副会長。

阿久澤　利直（あくざわ　としなお）
野村證券株式会社クオンツ・ソリューション・リサーチ部マネージング・ディレクター。
東京大学教養学部教養学科卒業、東京大学大学院理学系研究科（物理学専攻）博士課程修了。博士（理学)。理化学研究所を経て、2002年野村證券入社。転換社債の社内公式評価モデルをスクラッチから構築するなどのデリバティブ・クオンツ業務に従事した後、現在は新しい調達手法の開発支援、定量面からのM&A支援、事業会社、金融機関に対する財務コンサルティングなどを、デリバティブに加えてコーポレート・ファイナンス、データ解析の専門知識も活用して、行っている。
共著に『最新金融工学に学ぶ資産運用戦略』（東洋経済新報社)、『臨時別冊・数理科学　独立成分分析～多変量データ解析の新しい方法～』（サイエンス社)。

企業価値とオプション評価のロジックと実務
――基礎的手法・数理・法務のすべて

2019年11月13日　第1刷発行

著　者　神　田　秀　樹
　　　　太　田　洋　子
　　　　阿久澤　利　直
発行者　加　藤　一　浩

〒160-8520　東京都新宿区南元町19
発　行　所　一般社団法人 金融財政事情研究会
企画・制作・販売　株式会社 き　ん　ざ　い
出 版 部　TEL 03(3355)2251　FAX 03(3357)7416
販売受付　TEL 03(3358)2891　FAX 03(3358)0037
URL https://www.kinzai.jp/

DTP・校正：株式会社アイシーエム／印刷：株式会社日本制作センター

ISBN978-4-322-13278-6